フランス発 相貌心理学

運命のお相手は「顔」で選びなさい

佐藤ブゾン貴子

KKロングセラーズ

はじめに

あなたは彼氏や結婚相手を選ぶ時、相手に何を求めますか？
身長や顔などの見た目？　学歴？　優しさ？　経済力？
それとも、やっぱり恋する気持ち？
恋活や婚活をしていると、「どんな相手と付き合えば幸せになれるんだろう？」
と悩む人も多いかもしれませんね。

運命の相手を見つけたいみなさんに、私は声を大にして言いたいのです。

「お相手は〝顔〟で選びなさい」と。

かといって、「イケメン」を選べと言っているわけではありませんよ。
あなたが思っている「顔」と、私がこれからお話しする「顔」はちょっと違います。

ここで、あなたの今までの恋愛を振り返ってみてください。「顔はものすごく好みなのに、性格が合わなかった」とか、「良さそうな人だと思ったのに、つき合ってみたら全然違った」という経験はありませんか？　その結果、「私って、男を見る目がないのよねえ」「そもそも男運がないんだわ」と落ち込むこともしばしば……。

そんな、あなたに「相貌心理学」という恋愛を攻略するための最強のツールをお渡しします。このツールを手にするだけで、あなたには次のような素敵な出来事が訪れるはずです。

- 恋のチャンスが広がる
- 「こんなはずじゃなかったのに……」がなくなる
- コミュニケーションが楽しめる
- あなた史上最高の相手と恋愛ができる

・恋人との関係がもっと深まる
・結婚がぐっと近づく
・人生が華やぐ
・あなた自身が素敵になれる

こんないいことばっかり本当に起こるの？　と半信半疑の人もいるかもしれませんね。

「相貌心理学」というのは「顔」からわかる心理学です。

ですから、相手のプロフィールや雰囲気、はたまた、言葉に左右されることなく、その人の思考・行動傾向を理解することができるのです。

また、相貌心理学を知ることによって相手を多角的に見られるようになるので、恋愛のチャンスは広がっていきます。たとえば、パッとみて自分のタイプのルックスではなく「彼は、ないな」と思っていた人が、実は最高の相手だったということも出てきますし、「顔はいいけど、性格がちょっと……」と思っていた人でも、「こんな一面があるのね！」と新たな発見があるかもしれません。

その結果、より多くの男性の中から最高の相手を選べるようになるのです。

最近はＳＮＳなど間接的なコミュニケーションが中心になっていて、人と人との直接的な関わりを苦手だと感じている人も多いようです。

でも、恋愛って実はコミュニケーションの連続。

とはいえ、初対面の相手がどんな人かわからないと、やっぱり不安ですよね。

そんな時、相貌心理学できっかけづくりや、話の内容、言葉をかけるタイミングなどを知っておけば、その不安も半減しますし、苦手意識もなくなります。

それどころか、余裕が生まれて「人とコミュニケーションをとることは楽しい」と思えるかもしれません。

「相貌心理学」は心理学と名前はついていますが、難しい分析方法を机にかじりついて覚える必要はまったくなし！　目指すのは直感で顔を見て、コミュニケーションに生かせるようになることです。

そして、大事なことをもう一つ。

相手を知る前に、改めて自分の顔をよく見てみてください。

「自分のことは自分が一番よくわかってる！」と思うかもしれませんが、相貌心理学的に見ると、意外な発見があるものです。

自分を知ることで、自分の性格やパーソナリティを生かすこともできますし、どういう相手と相性が合うのかということも見えてくるのです。

では、もう一度繰り返します。

素敵な恋をゲットするための合言葉は「顔」です。

「恋愛の必勝法は顔にある」

フランス発の新恋愛メソッド「相貌心理学」を活用し、キラキラ輝くあなたで毎日を過ごしましょう。そして、あなたの輝きと共に、自分史上最高の恋愛を、最高のお相手を見つけてくださいね。

La morphopsychologie

3章 〈顔のパーツ〉で本当の気持ちがわかる

La morphopsychologie

La morphopsychologie

4章 〈顔の輪郭〉でコミュニケーションのとり方がわかる

La morphopsychologie

1章

フランス発、九九％の正当性を誇る相貌心理学

自分の気持ちを大切にするフランスの恋愛

「恋愛」発祥の地と言われるフランス。

フランス人は自分自身と、「恋する気持ち」をとても大切にします。

「日本人だってそうでしょ？」と思うかもしれませんが、日本は恋愛の先に結婚があって、それこそがゴールのように考えられていると思いませんか？

昔から結婚適齢期や、家柄などの体裁を優先させるという風潮がありますし、そうでなくても、周りの目を気にしたり、自分にプレッシャーをかけたりして身動きがとれなくなってしまうことが多いのです。それでは、自由に恋愛できないですよね？

でも、フランスでは違います。

まず、結婚という繋がりにあまりとらわれません。いつでも自分自身と、その瞬間の自分の気持ちを大切にします。そして、「好き」「愛している」という気持ちをまっすぐに相手に伝えるのです。

逆に言えば、愛が冷めたら一緒にいる意味がないし、時間がもったいないという考え方をするのです。とてもシンプルでわかりやすいですよね。だからこそ、フランスでは離婚率も高いのかもしれませんが。

お互いが自立し、いつも自分の気持ちに正直になってコミュニケーションを取っていくのがフランス流の恋愛なのです。

フランスの心理学者が提唱した恋愛に役立つ相貌心理学

さて。

今度は「相貌心理学」そのものについて、お話ししていきましょう。これが恋愛に役立つといっても、ほとんどの人は「相貌心理学」という言葉を聞いたことがないのではないでしょうか。私も日本にいた頃は当然知りませんでしたし、存在を知った時でさえ、「ソウボウってどういう漢字を書くの？」という状態でした。

改めてご説明すると、「相貌心理学」というのは「顔」の輪郭、目や口などの各器官を客観的なデータで捉えて言語化し、性格やパーソナリティ、行動傾向を理解するための「心理学」です。

また、人がそれぞれ適応できる環境を的確に見極めることができるのも、相貌心理学がなせるわざの一つです。その人が何に満足をするのか、どういう仕事に向いているのか、どのような才能があるかなど、それら全てが顔に表れているからです。

この学問は、パリで三六〇年の歴史がある名門サン・ルイ病院の精神科長であり、臨床心理学者でもあったルイ・コルマンが一九三七年に提唱しました。

「世界中を探せば自分と同じ顔が数人いる」などという話を聞いたことがありませんか?

でも、答えは「Ｎｏｎ（ノン）！」

世の中には一つとして同じ顔は存在しません。

つまり、一定のパターンがないため、ドクター・コルマンの顔分析の研究は、とても複雑で困難なものでした。

でも、コルマンは一億人を超える人々の顔を分析し、実証を繰り返して、それぞれの傾向を類型学的に分類した基礎体系を作り上げました。さらに、その後の多くの学者が研鑽《けんさん》努力をしたことで、顔分析メソッドの精度はどんどん高まったのです。今では相貌心理学士による顔分析は、九九％の正当性を誇るとフランス相観心理学会でも発表しています。

「顔」から性格や行動の傾向を理解するための道具

もともと、相貌心理学は自閉症の方の内面を理解するために作られた学問でした。自分の気持ちをうまく言葉にすることができない場合でも、顔に表れる特徴を見るだけで、患者さんの心の中や性格傾向を理解しようとしたのです。

でも、悲しいことに、当初、相貌心理学という学問がフランスで一般に広まった際、「この人はこういう考え方や行動をとる傾向がある。だから、このようなアプローチをしよう」と相手を理解するというような正しい使い方はされませんでした。

それよりも、「この人は○○タイプだからダメ」というようにバッサリ切ったり、

「〇〇タイプだから使えない」などと判断するのに使おうとする人が増えてしまったのです。

相貌心理学は、顔の良し悪しはもちろんのこと、「良い人」「悪い人」を決めるものでもありません。もちろん、「この人は悪いことをしそう」とか「真面目にやりそう」などと判断するものでもありません。

あくまで、性格や行動の傾向を理解して、お互いにとって心地よいコミュニケーションをするための「道具」なのです。

現在は、フランスでもこういった考え方がきちんと浸透して、心理学として絶大な評価を受けるようになりました。

まず根付いたのはビジネスの分野です。顔を見ることで、人の適材適所、つまり、どういう能力があって、どこでどのように活かせるかということが理解できるからです。その結果、マネジメント力の向上に貢献しました。

それからは、大企業はもちろんのこと、美容専門学校やコーディネートスクール、自然療法の学校などで導入されるようになりました。また、一般の家庭でも、子どもうまくコミュニケーションをとるために学び始めている人もいます。

フランス人はシンプルな考え方をするということはお話ししましたよね。短時間でいかに多くのことを理解できるかということを大切にするのです。だからこそ、顔の形状を言葉で表して理解できる相貌心理学は、彼らの考え方にぴったりでした。それは恋愛だけでなく、仕事や教育、つまり、人と人とのコミュニケーションが存在するところのすべてに活かせるのです。

仕事も家庭も、そして恋愛もシンプルに。

そんな国民性に、顔だちから客観的、直感的に相手の性格傾向を理解できる相貌心理学がフィットしたのではないかと思っています。

フランスで出合った言葉のいらないコミュニケーション、相貌心理学

私がフランスに行ったきっかけは、ワーキングホリデーでした。もともとアパレル会社に勤め、舞台衣装のデザインや製作にも関わっていたのですが、ずっと海外のデザイン学校でファッションを学んでみたいという思いを強く持っていました。でも、入学案内を直接もらいに行った際、私が入りたかったパリ市の公立のデザイン学校には年齢制限があると判明しました。その時点で、私はすでにそれを超えていたのです。

「Tant pi（トンピ）！」――フランス式のポジティブな「しょうがない」です。

こうなったらフランス生活を楽しむしかありません。

フランスではコミュニケーションをとるのに自己表現が必要です。そこでさっそく、その頃流行っていたインターネットの掲示板で、日本語を教えるかわりにフランス語を教えてもらうという交換授業をしてくれる人を探したのです。

この掲示板に登録していた人の中には、出会い目的の変な人も多いのですが、そんななか、真面目に日本語を勉強しようとしている人がいました。

それが今の夫です。

しかも、元国語教師ということもあり、とても教えるのが上手でした。私はと言えば、もちろん日本語を教えた経験などゼロ、フランス語もしゃべれずダイナミックなジェスチャーで日本語を説明するのみ。今思えば……本当にトンチンカンな私の説明に、夫もよく懲りずに私から日本語を学ぼうと思ったものです。

フランスでは交際が始まれば同棲するのが普通なので、彼とも付き合い始めてしばらくしてから、同棲をしていました。でも、結婚しているわけではないし、海外に住んでいると自分の帰る場所がないという不安とは常に背中合わせなわけです。

彼の友人や家族が遊びに来ても、言葉が理解できない私は一人取り残された感に苛まれてしまい、常にフラストレーションを募らせていました。さらに彼との生活が定着すればするほど、言葉の壁に孤独を感じて、言葉がいらないコミュニケーションというものに救いを求めていたのです。

そこで出合ったのが相貌心理学でした。これなら誰もが見られる「顔」だけで、相手を理解することができます。

日本人唯一の教授となった私

私はすぐに「勉強したい！」とフランス相貌心理学会が主宰する学校に申し込みをしました。でも、カリキュラムはもちろんフランス語でしたから、私のフランス語のレベルではダメダメダメ！　と門前払いされました。

それでも諦めるわけにはいきません。私のフランス語のレベルでも受け入れてもらうために、あらゆる方法を考えました。そこでたどり着いた最終手段が直談判！実は相貌心理学会の会長が近所に住んでいるとわかったからです。

私は「学会長に連絡してほしい」と一緒に住んでいた今の夫に頼んで、「会いに行きたいと言っている」と電話で伝えてもらいました。最後には学会長が根負けして、弟子入りするような形で受け入れてもらったのです。

そしてまず、学会長のプライベートレッスンを受け、三年かけて顔を分析する相貌心理学士となりました。それから、相貌心理学を教えられる教授の資格を取り、さらに一年かけて分析研究をしました。トータルで五年間、フランスで相貌心理学を学んだことになります。

そこから一〇年、「顔」と向き合ってきました。

現時点で相貌心理学者は世界に約一二〇〇人います。その中で教授は一五人ほどいますが、日本人は私一人だけです。今ではいろいろな人にこの相貌心理学を知ってほしいと思い、普及に努めています。

実は夫と同棲していた頃、語学力以前に彼との意思疎通がうまくいかないことは日常茶飯事でした。だから、「どうして、私のことわかってくれないのよ！」なんて、よくプンプン怒っていました。

相貌心理学を学んでからわかったのですが、そもそも私たちは「顔の相性」がよくないのです。私は感情に訴えるタイプなのに対し、夫は冷静に、理論的に考えるタイプ。根本的な違いがあります。

さらに私は感情表現もストレート。好きになったら自分の気持ちを伝えずにはいられないタイプなので、告白するのもプロポーズももちろん私からでした。エモーションの高まりとともにアプローチするなど攻めの恋愛をするので、一緒に住みたいと言い出した時も、冷静な彼からは「ハヤスギマス」と断られたくらい。大ゲンカをすることもしょっちゅうでした。

彼の顔の形状は自分の世界観を優先するタイプ。だから、私が「楽しい」とか「嬉しい」という気持ちをみんなと分かち合いたいということが理解しにくいのです。つまり、夫に私を理解して受け入れてもらうより、私が彼を理解して受け入れるほうが手っ取り早い。だから、彼を納得させたい時は自分の感情はとりあえず抑えて、まずは深呼吸し、冷静に物事を順序だてて話すように心がけています。

彼にとっても、私という未知なる人間が存在することで、ある意味、好奇心を刺激されているというのも事実なようです。

つまり、お互いの違いをきちんと理解しあえば、一見うまくいかなそうな二人でも、私たち夫婦のように歩み寄れるようになるのです。

私自身、相貌心理学を勉強したことで、コミュニケーションがうまくいくようになりました。

みなさんにも、こんなふうに「顔」を見て相手を理解することで、あなたの理想の恋愛をしてもらえたらなと思っています。

最強の恋愛ツールになる「相貌心理学」

相貌心理学を自分の武器にするとあなたの恋愛の可能性が広がります。

1 写真だけで相手を理解できる

婚活などでは、会う前に写真を見る場合もありますね。

写真を見て「こういう考え方をする人なんだ」と相手の思考パターンを事前に理解できれば、初めて会ってもどんな話をすればいいか、またどんなアプローチが効果的なのかがわかりますよね。

それは言ってみれば、気持ちの余裕という強力なアドバンテージ。こちらが主導権を握れるのでいつものあなたらしさで、思い通りの楽しいコミュニケーションをとることができます。

2 理想の顔と、性格のずれを修正できる

相手が好きなタイプの顔であっても、実際、話してみたら、性格があなた好みではない場合がありますよね。「素敵！」と胸をときめかせて、ようやくデートにこぎつけても話が噛み合わないとか、付き合い始めたのに、私にあまり興味を示してくれない……など悲しい思いをしたことがある方も少なくないでしょう。

でも、顔を見て相手の性格や行動傾向を理解していれば、「こんなはずじゃなかった！」ということがなくなります。

ルックスを重視してあなた好みの「イケメン」の人を選ぶなら――顔を見て性格傾向を理解したうえで、相手を受け入れれば相手の行動にも納得できるようになります。反対に、性格の傾向を重視するのなら――その性格傾向が表れている顔の人

を選べばいいのです。

3 理解して歩みよることができる

顔を見て理解していないと、「なんでそんなことを言うの？」「どうして、○○をしてくれないの？」とイライラしたり、悲しくなったりすることがあるでしょう。でも、「この人はこう考えるタイプ」とわかっていれば、「ならば、違うアプローチをしてみよう」と歩みよることができます。それに、「彼に愛されてないのかも」「自分に興味がないのかも」などと誤解して、むやみに傷つくこともなくなります。

ほかにも、気になる相手に対して一生懸命好かれる努力をしているのに、まったく伝わらない、それどころか、むしろ距離を置かれてしまったというような経験はありませんか？

そんな時でも、相手の考え方や行動の傾向が事前にわかっていたら、その人が求めるものを与えることができるのです。

どうでしょう？　相貌心理学という恋愛ツールを手に入れると、コミュニケーションの幅が広がるし、選択肢も増えると思いませんか？

相手を判断するためでなく理解するために使ってほしい

本書を読むと、顔を見るだけで「この人はこういう性格傾向の人だ！」ということが、だいたいわかるようになります。それは、あなたが相手とコミュニケーションをとる際、大きなアドバンテージとなります。

でも、それを断定的な判断ツールとしてだけ使ってしまうと、大きなマイナスを生むことがあります。

たとえば、相手の顔から「自己中心的」という傾向がわかったとします。自己中心的というと、ほとんどの人が悪いイメージを持つかもしれませんね。

でも、逆の発想をしてみてください。何か大きな目標を達成するためには、ある程度、他人のことは考えず、ぐいぐい進める局面も必要ですよね？

こういった場合、自己中心的な傾向というのは、目的を達成するための「強い意志」となります。

つまり、ここで「自己中心的」という側面だけ切り取って「判断」してしまうと、その裏側にある良い面を知ることなく、ばっさり切り捨ててしまうことになります。

でも、「マイナス面と考えればそうかもしれないけれど、裏を返せばプラス面になる」というように「理解」しようとすれば、相手を許したり、寄り添ったりできるようになります。

「あの人はジコチューな傾向があるから、私はNG！」

こう決めつけてしまうのは「判断」です。

「あの人はジコチューな傾向があるけれど、裏を返せば、目的達成をするための強い意志があるかもしれない」

このように思うことは「理解」になります。恋愛、特に婚活においては、この「理解」に軸足を置いたほうが、結果的には出会いの幅は広くなるし、実際のコミュニケーションに進んでからも、何かとうまくいくのです。

それから、「顔を見る」というと、「相貌心理学は占いとは違うんですか？」と必ず聞かれます。

これはあくまで心理学なので、占いの要素は入っていません。未来を予知することもできませんし、幸福顔、不幸顔というものを示すこともできません。

恋愛が成就するかしないかは、冷静に相手が見えているか見えていないかにかかっています。相手の行動や発言に一喜一憂し、それだけで判断してしまうと、あなたが傷付くことにもなりかねません。

でも「顔を見るだけで」相手を理解できたら不安は半減し、自信を持って恋愛ができますよね。

迷いや不安のないあなたの笑顔は相手に安心感を与えますし、満足する相手の笑顔は、あなたにさらなる自信を与えてくれます。

さて、あなたも運命の人を見つけて、ハッピーになれる時が近づいてきました。

いよいよ最強の恋愛ツール・相貌心理学を身につける時です。

「Ｏｎｙ　ｖａ（オ・ニ・バ）！」――さあ、はじめましょう！

▼「顔」を見るときのコツ

顔を見る時には、「一瞬の印象で」判断しましょう。

考えすぎてしまうと、わからなくなってしまいます。

大事なことは、顔の「どこが印象的か」ということです。

たとえば、目じりを例にすると、上がり目なのか下がり目なのか判断がつかないことがあります。この場合は、あまり印象に残らない＝強い傾向が出ていないということなので、目じりにこだわらずに、他の印象が残る器官（パーツ）に注目しましょう。

どうしても目じりから性格傾向を分析したい場合は、「どちらかといえば、こっちかな」くらいでＯＫです。少しアバウトに感じるかもしれませんが、最初は大まかにとらえるという感覚が大切です。

本書を読むにあたってまずは「顔」の全体像をつかんでおきましょう

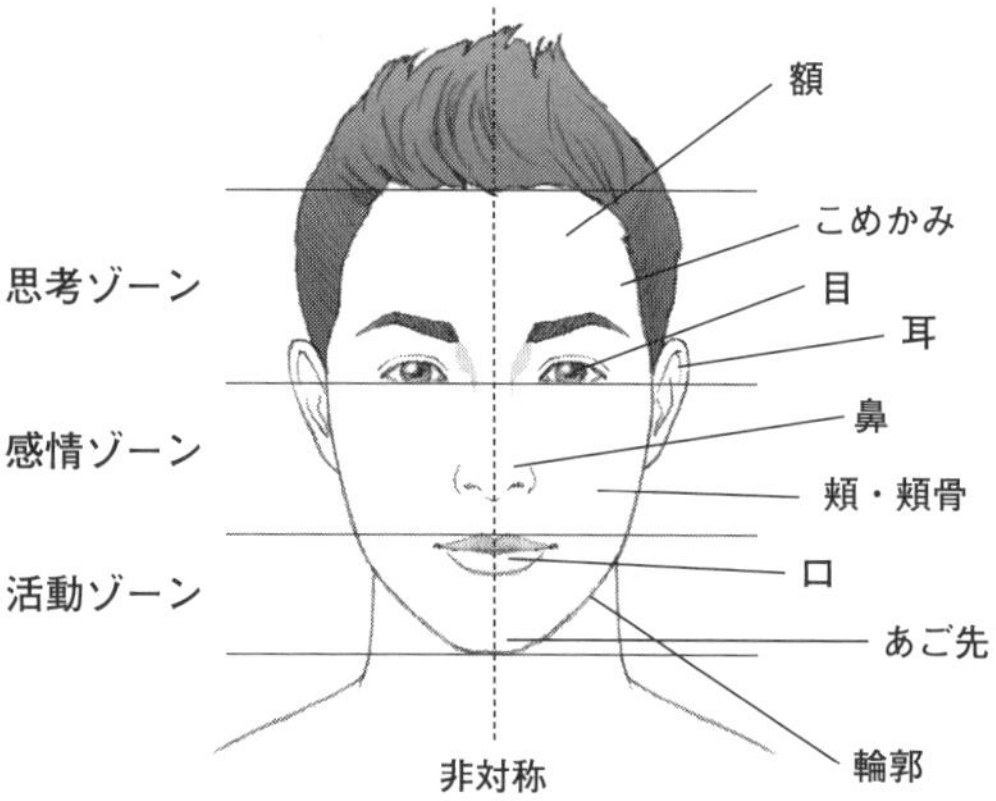

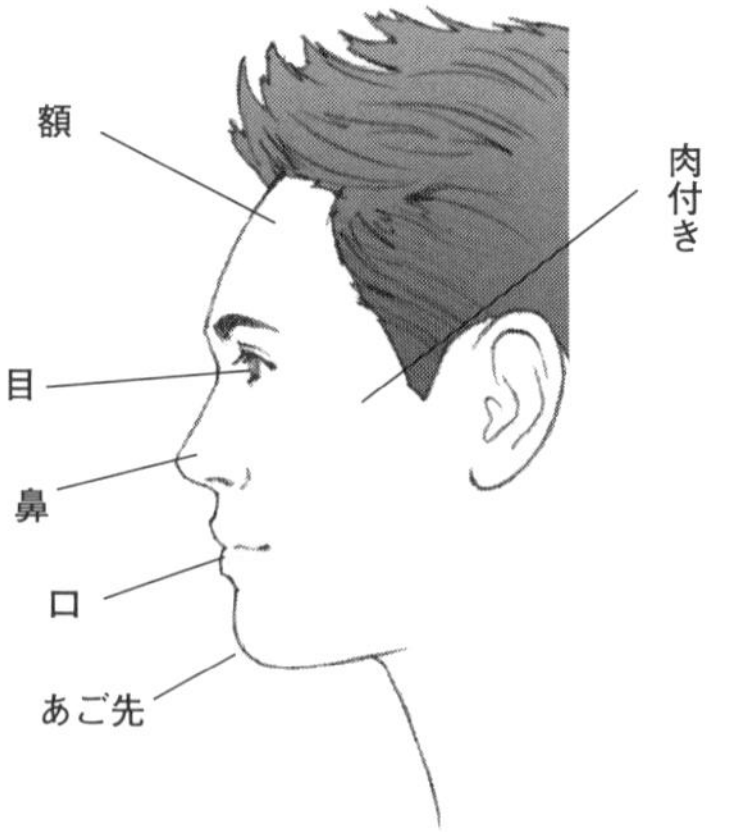

2章

〈顔のゾーン〉で行動パターンや考え方、好みの傾向がわかる

ゾーンでわかる、あの人の原動力

お待たせしました。

ここからいよいよ分析に入っていきましょう。

まず、相手が何によって満足感を得られるかという、その人の「原動力」となるものを理解していきます。

つまり、それを理解すれば、相手の行動や考え方、好みのパターンがわかるのです。

たとえば、愛の言葉よりも、まずはプレゼントをするのが効果的とか、ロマンチックな言葉は直接会って伝える、それともSNSなどを使って間接的に伝えた方がこちらを振り向いてくれるか——など、より有効なアプローチ方法がわかるようになります。

そのためには「ゾーン」をみるのです。

ゾーンとは、顔を上部・中部・下部の三つに分けた範囲を指していて、上からそれぞれ、上部をⒶ思考ゾーン、中部をⒷ感情ゾーン、下部をⒸ活動ゾーンと呼びます。

顔をぱっとみた時、この三つの中で一番面積が大きく、印象に残るゾーンがその人のタイプとなります。

次のイラストのように、三カ所に線が入ると考えて顔を区切ってみてください。

顔を上部・中部・下部という三つに分けたときに、どこが一番大きく印象に残り

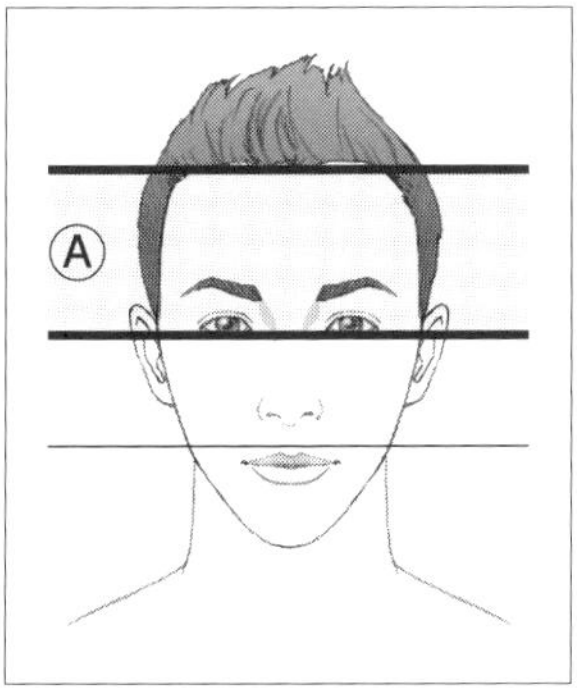

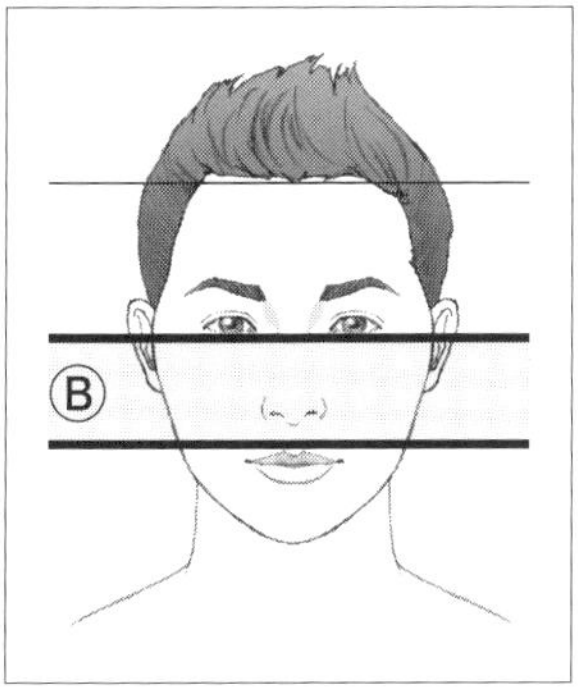

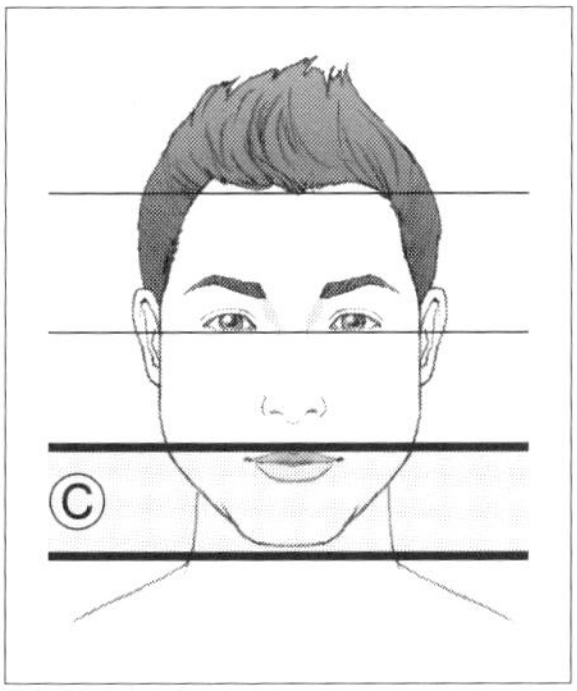

ましたか？

Ⓐ思考ゾーンタイプ　額や目にインパクト・あごが細い・逆三角形の顔型、額が広い、頬骨すっきり……

Ⓑ感情ゾーンタイプ　頬骨が大きい・頬が広い・顔型は六角形……

Ⓒ活動ゾーンタイプ　あごや口まわりが大きい・台形の顔型……

たとえば、広いおでこが印象に残る玉木宏さんや中田英寿さんのようなタイプはⒶ【思考ゾーンタイプ】ということになります。

顔型で言えば、逆三角形タイプです。おでこが広く、頬骨がすっきりとしていて、あごは細めの人です。

次に、頬骨や頬まわりがふっくらしているなど、顔の真ん中部分が印象に残る羽生結弦さんや大谷翔平さん、杏さんのような顔型はⒷ【感情ゾーンタイプ】になります。顔の形状としては六角形や丸顔の人が多いです。

そして、あごの部分が印象に残り、顔型でいえば台形の香取慎吾さんやラグビーの稲垣啓太さん、南海キャンディーズのしずちゃんのような人はⒸ【活動ゾーンタイプ】の人です。

ちなみに、日本人に多いのは感情ゾーンタイプの人。「一〇〇回転んだら一〇一回起き上がればいい」というように、涙を誘い、感情を揺さぶるような表現が好きなのも、このせいかもしれません。

一方、フランス人に多いのは思考ゾーンタイプ。何事も論理的に考え感情の動きに左右されない思考ゾーンの人は一〇〇回も転ばないんですね。一〇〇回も転ぶことに意味がないからです。だって痛いですし、時間のムダですもん。

一回転んだら、次は転ばない手段を考える、その冷静さが思考ゾーンタイプにはあるのです。

まさに、私と夫はその典型的な組み合わせということはお話ししましたよね。パッと見の顔の相性が悪かったとしても、お互いの考えの傾向を理解していれば、自分の持っていない部分を補い合うということで、最強のパートナーになれます。

では、いよいよ次からそれぞれの特徴をご説明しましょう。

Ⓐ［思考ゾーン］タイプ――知識と美的センスがある

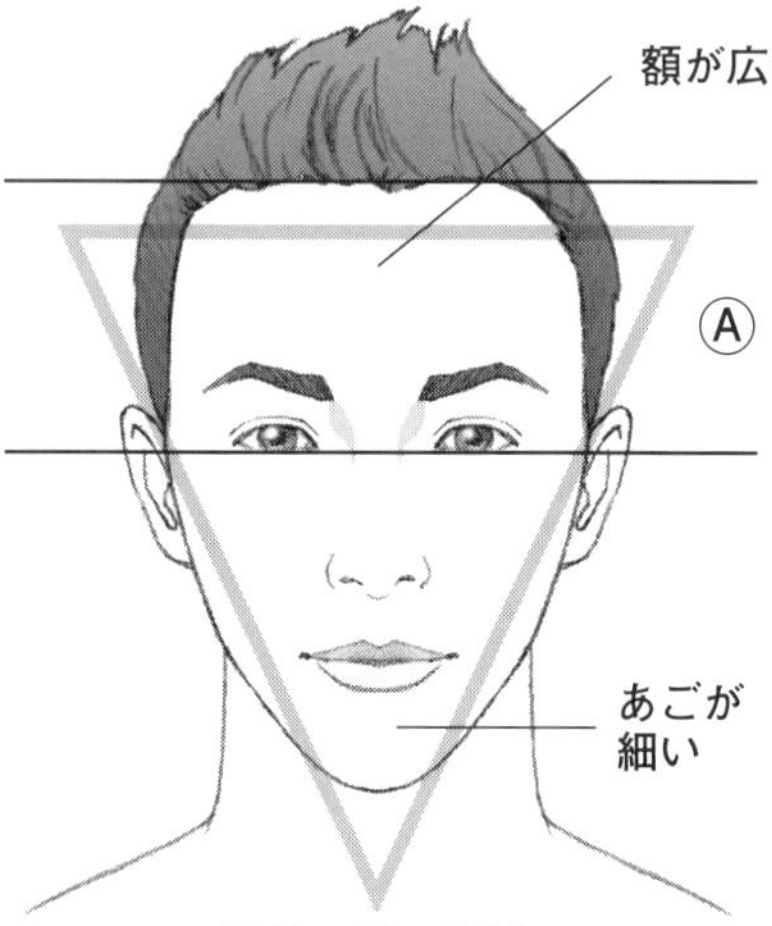

形状：逆三角形

おでこが広い、目にインパクトがある、あごが細いという特徴が当てはまる人がこのタイプ。頬もあまり張っていなくて、顔型は逆三角形という印象があります。

このタイプの人が何か行動しようとする時に、原動力となるキーワードは「知識」や「教養」。

このゾーンには額や目があるということで、「考えること」や「目に飛び込んでくるもの」へのこだわりがあります。

感情の動きや本能欲求にはあまり左右されず、現実的なお金や物にはあまり興味がありません。

思考ゾーンタイプの特徴

・知識や教養を好む
・想像力が豊か
・理想主義者
・物事をすべて言葉で理解し、伝えようとする
・まわりに流されず、自分の価値観や考え方を大切にする
・目から飛び込んでくる情報に影響を受けやすい
・美しいもの、センスの良いものが好き

・ファッション、持ち物に自分なりのこだわりがある
・理想を相手に押し付けがち
・感情の共感は求めないので孤独に強い

思考ゾーンタイプがお相手を選ぶ時の決め手

◆自分の好奇心や知識欲・視覚を刺激してくれる人かどうか
◆自分独自の世界観や価値観を持っているか

思考ゾーンタイプがお相手に求めるもの

◆愛情よりも、知識や情報のキャッチボール
◆脈略のない感情的な話ではなく、論理的に展開される話題

思考ゾーンタイプに効果的！　アプローチ術

◎会話に困ったら、「もしも」の話をする

初めて話をする場合や、相手の好きなものなどをよく知らない時。漠然と「何が好きなんですか？」と聞くよりは、「今、一週間休みがとれたとしたらどこに行きたい？」とか「もし、世界一周できたらルートはどうする？」のように、「もし、○○だとしたら～」と架空の話で盛り上がれるような話題がおすすめです。

相手はいろいろ想像を繰り広げて答えてくれるはずですので、好みのものなどがわかります。

その際、あちこちに話題を振るのではなく、なるべく順序立てて話をしましょう。論理的な会話を求める思考ゾーンタイプなので、脈絡のない話よりも、展開があったほうが興味を持ってくれます。

◎こちらからデートに誘うときはあえて遠回しに

初めて誘う時は、「デートしようよ！」と直接的に誘ってはダメ。「○○知ってたら、教えてもらえる？」とか「最近、流行ってる○○って興味ある？」というように、相手の持っている知識をリスペクトしたり、知的好奇心を刺激したりするようなアプローチをするのがポイントです。

◎食事に誘う場合は視覚を刺激

食事に誘う場合も新しくオープンしたところや、話題になっているレストランにターゲットをしぼるのがポイント。味はよくても外観が庶民的なお店というより、おしゃれな内装や、目を引くような店構えのところがおすすめです。また、あまり有名ではないけれど、知る人ぞ知る隠れ家的なこだわりのお店もありです。料理の盛り付けや無農薬食材、マクロビなど、ほかにはないこだわりのあるところにも興味を持ってくれることでしょう。

このようにおしゃれなものや流行っているもの、こだわりがあるものを好むのは、自分の知識の豊富さや美意識の高さを披露して「すごい」という反応が欲しいからです。

たとえば、それをSNSなどにアップして反応があれば、独自の世界観や価値観を持っていることに対するプライドをくすぐられ、「やっぱり俺ってすごいのよ」と自己肯定できますよね。同時に、自身が思い描く「理想的なかっこいい自分」を満足させることもできるからなのです。

◎デートは知識や教養を共有できる場所へ

思考ゾーンタイプは視覚的な刺激や、好奇心をくすぐる知識や情報が好き。

だからデートの行き先は、話題になっている場所やニュースになるなど、盛り上がっているスポットがおすすめです。特に景色が良かったり、イルミネーションが綺麗だったりなど、見て心を震わせられる場所にしましょう。

またこのタイプは教養を養うこと、美しいものを観ることなども好きなので、美術館やギャラリー、期間限定の特別展、建築物などもおすすめ。一緒に新たな情報を共有したり、お互いに高め合うような会話をしたりすることを好みます。また知識豊富な思考ゾーンタイプですから、「この作品はね」「この作家はね」などといろいろ教えてくれるはず。

◎おしゃれ度数高め女子を目指す

このタイプの人と会う時は、見た目に気を使いましょう。

メイクをしっかりしたり、アクセサリーをつけたりするなど、相手の視覚に訴えてみてください。

また思考ゾーンタイプの人は、自身のファッションに対しても自分なりのこだわりがありますし、美的感覚もあります。ということは、恋愛相手にも同様に、自分なりのこだわりを求めますので、あなたならではの流行などに流されないファッシヨンでおしゃれ度数高め女子を目指しましょう。ただし相手は理想主義なので、あまりに相手のファッションセンスが自分と真逆だと「美的センスが違いすぎる」と思われてしまうで注意してくださいね。

◎新しく興味深い情報を提供すると○《マル》

思考ゾーンタイプは理想主義者であるからこそ、相手の趣味ばかりがつめこまれた、完璧でスキのないデートコースを決めがちです。そのため窮屈になってあなたがつまらない思いをするかも。

そもそもこのタイプの人は、独自の世界観や価値観を持っていて、恋愛相手にもそれを求めるところがあります。

だから、「あなたと一緒ならどこでもいい」と合わせるだけでなく、あなた自身が興味を持っていることや新たに趣味にしたいこと、また、最近気になっているスポットなどがあれば、ぜひ提案してみてください。このタイプは新しい情報や知識などを得ることも大好きですし、自分の世界を持っている女性も好きなので、喜ばれます。

◎ミステリアスを演出しよう

思考ゾーンタイプの人はとにかく想像力が豊か！

ですから、「好き好き好き！」と自分の思っていることをストレートに伝えすぎると、「ちょちょちょっと待ってよ。まだ、そんな関係じゃないよ」というふうに、引かれてしまうこともあるかもしれません。

また、女性に対しては「わかりやすさ」よりも「ミステリアスさ」を求めます。とにかくあれこれ想像することが好きなので、見えているものから、その向こうにある「見えない部分」を想像したいのです。

だから、最初から自分のことを知ってもらおうとして、いろいろなことを話さない方がいいでしょう。また、このタイプは自分のプライベートな領域に土足でずかずかと入ってこられるのも嫌がります。気になる相手の事をもっと知りたいという気持ちはわかるのですが、相手が自分自身でプライベートな話をするまではちょっとガマンが必要です。

気になる相手が思考ゾーンタイプなら、まずは、時々視線を送り、目が合う回数を増やしていくのがおすすめ。

これは合コンなどでも同じです。好き好き光線を出してロックオンしてしまうより、まずは「チラ見」。

すると、「あれ? よく目が合うなあ。もしかして……」と勝手に脳内ストーリーづくりをして、あなたを意識するようになります。

話をする回数が増えたり、少し距離が縮まってきたら、さらに思わせぶりな発言をして様子を見てください。

そしていよいよ、デートのお誘いメールがきて、小さくガッツポーズをしたとしてもここは一呼吸。

「喜んで!」「行く行く!」とすぐに返信をせず、少し時間をあけてからＯＫしましょう。

とりあえず、最初は「嬉しい」だけを匂わせ、「予定を見てみるね」など、OKなのかNOなのかハッキリとわからないくらいの返事がオススメ。想像力をさらに刺激することができるので、あなたのことを考えずにはいられなくなる有効な方法です。

ただ、あまりに駆け引きをしすぎてしまうと、プライドが高い思考ゾーンの人は、「興味がないならばいいや」と傷つく前に撤収してしまいますので、それだけはくれぐれもご注意。

一方で、「目に飛び込んでくるもの」、つまり視覚からの刺激や情報に敏感な思考ゾーンタイプの人に対して、思わせぶりな態度やしぐさは誤解を招きます。あとで「そんなつもりはなかったの」と言ってもトラブルの元になりかねないので、その気がないときに思わせぶりな行動をとるのはやめましょう。

◎電話よりラインやメールで

思考ゾーンタイプは、言葉にとても敏感です。

たとえば、遊びのお誘い一つをとっても、電話をしたり、直接伝えたりするよりも、ラインやメールがおすすめ。言葉や目で見える文字のメッセージからあれこれ想像を繰り広げてくれます。もし相手があなたに興味を持っていたら、会っていない時間もあなたについて想像してくれるはず。

思考ゾーンタイプにやってはいけないこと

❶相手の描く夢や理想を否定するのはNGです。軽い気持ちで「それは無理じゃない？」と言ったとしても、想像力が豊かな分だけ深く傷つき、自分の可能性さえも否定されたと感じてしまいます。

❷「そんなことも知らないの？」「そんなの常識だよね」と、相手の知識や教養を否定するのはNGです。プライドを傷つけられたと感じ、気分を害します。得意げに相手を上回る知識を披露するのはもってのほかです。

❸知らないことを知ったかぶりしたり、適当に答えたりするのはNGです。質問に対しあいまいな回答をすると、「この人はいい加減」「自分を邪険に扱っている」と感じてしまいます。答えと理由は明確に。知らないなら知らないと素直に伝える方が、好印象です。

❹「お給料はどれくらい?」「その車、いくら?」と、ストレートにお金の話をするのはNGです。理想主義で無形の価値を大切にするタイプなので、お金のような現実的価値の話をされると「大切にするものが違うんだな」と興ざめされます。

❺最初からベタベタ甘えたり、過剰なスキンシップを取ったりするのはNGです。視覚や想像力で楽しむこともコミュニケーションと考えるタイプなので、スキンシップはある程度仲良くなってからにしましょう。

思考ゾーンタイプの有名人

・中田英寿（元プロサッカー選手）・麻生太郎（政治家）
・菅義偉（政治家）・蓮舫（政治家）・玉木宏（俳優）・三浦翔平（俳優）
・生田斗真（俳優）・安室奈美恵（元歌手）・宮沢りえ（女優）
・織田信長（歴史上の人物）・ビル・ゲイツ（実業家）
・藤井聡太（プロ棋士）・羽生善治（プロ棋士）・堺雅人（俳優）
・沢村一樹（俳優）・大泉洋（俳優）・蜷川幸雄（演出家）
・宮藤官九郎（脚本家）・小泉孝太郎（俳優）

Ⓑ【感情ゾーン】タイプ――フィーリングと感受性を大切にする

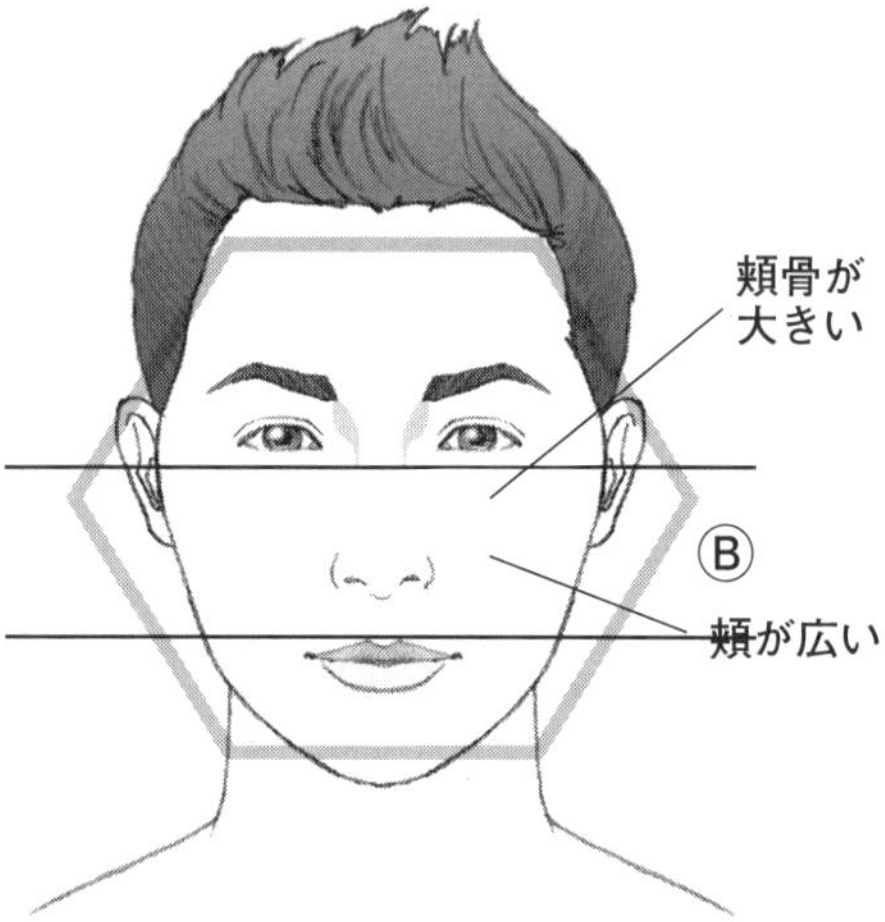

形状：六角形や丸顔

頬骨が大きく、頬が広い、つまり、顔の中央部分にインパクトがある六角形の形状をしているのがこのタイプです。

このゾーンには耳と鼻があるので「聴覚」や「嗅覚」への刺激、つまり、音楽や人の言葉、香りなどに左右されることが多いです。

「感情ゾーンタイプ」が満足するのは、人とのコミュニケーション。特に、「自分と同じ！」という「共感」がキーワードになります。

最初は男女のグループでワイワイ行動すると、親しくなれそうです。

感情で物事を判断するので、客観性に欠け、会話がそれてしまうこともあります。

それでも、このタイプのお相手と話す時は、流れに身を任せた方が◯《マル》。

間違っても、理論で説き伏せようとしたり、感情的な言葉に対してこちらも感情的になって否定したりしてしまうと、火に油を注いでしまいます。

感情ゾーンタイプの特徴

- 周囲の人との共感を好む
- 人が喜んでいると自分も嬉しくなる、博愛主義者
- 好き嫌いといった感情で物事を決める
- 認めてもらいたい気持ちが強く、否定されることが何より苦痛

・相手との共通点を見つけるなど「一緒」が好き
・人からどう見られるかが気になる
・音楽や香りなど、耳や鼻から入ってくる情報や刺激に敏感
・感情をおしつけやすく、距離感がとりにくい
・おせっかい、よく言えば面倒見がいい
・孤独に弱く、寂しがり屋

感情ゾーンタイプがお相手を選ぶ時の決め手

◆一緒に物事を楽しめるかどうか
◆趣味嗜好、自分と同じものがどれだけ好きか

感情ゾーンタイプがお相手に求めるもの

◆自分を受け入れてくれる寛容さ
◆たくさんのほめ言葉

感情ゾーンタイプに効果的！　アプローチ術

◎共通点を見つける

感情を動かすことが行動の原動力となる「感情ゾーン」タイプのキーワードは「一緒！」です。コミュニケーションを大切にする人なので、感情をわかち合える相手にはとても興味を持ちます。

人って、同じ思い出を共有していたり、行動範囲が似ていたりするだけでもアレコレ盛り上がれるものですよね。地元が同じだったり、学校が近かったりすると急激に親しくなったような気がするものです。

もし、気になる人が「感情ゾーン」タイプなら、なおさら！

とにかく出身地や趣味、小さい頃にしていた習い事、今、ハマっているものなど何でもいいので、共通点を見つけましょう。あなたが話を振るのが苦手なタイプなら、小さなことでも相手の話から共通点を見つけるといいですね。

共通点がどうしても見つからない場合は、相手の趣味に乗っかってしまうのが一番です。スポーツなど複数でできるものなら、「一緒にやってみたい！」とか「一緒に楽しもうよ」と声をかけてみてください。

お世話が上手な人が多いので、誘ったあなた自身も楽しめるはずです。

相手の発言に共感すると喜んで話をしてくれるので、「すごい！」「さすが！」などほめ言葉を交えながら相槌をうち、相手の趣味について教えてもらいましょう。

◎思ったことは言葉で伝える

このタイプの人は「言わなくてもわかるよね」とか「雰囲気で気づいてよ」と言っても、なんのこっちゃ？ たとえわかっていたって、気持ちはきちんと言葉にして伝えてほしいので、プイっとふくれるのがオチ。

普段から「楽しい」「嬉しい」はもちろん、「緊張する」など、感じたことは口に出すようにしましょう。このタイプの人との仲を深めたいならば、「今日、会えて嬉しかった」とか「また会いたい」などはっきりと言葉で気持ちを伝えてください。

◎褒めて、もちあげる

感情ゾーンタイプの人は人から認められたいという欲求が強いです。

それは孤独に弱いから。ですから共感してもらえると「一人じゃない！」という安心感を持ち、さらに共感してくれた人は自分の味方だと思えるのです。

また、褒められるということは、人から好意を持って見られているという証拠ですよね。そうされることで自分の存在価値に満足感や安心感を覚えます。だから、「大丈夫？」と心配したり、「頑張ってるね」と認めたりするなど、「あなたとのことを見ているよ」という気持ちは、そのつど伝えるようにしましょう。

「今日みたいな服、似合ってるね！」など、相手の印象についてテンションがあるようなことを言ったり、理解しているということを伝えたりするのもいいでしょう。相手が気づいてほしいポイントを褒めると、「この人、自分のことをわかってくれる」と心動かされるはずです。

このタイプはとても寂しがり屋さんなので、連絡が来たらできるだけ早く返信する、マメに連絡を取るのが効果的です。

◎相手の感情の動きに合わせる

自分の感情を相手におしつけがちなので、距離感がとりにくいのも感情ゾーンタイプの人の特徴といえます。

また、何かを判断する時も、その瞬間の「好きか嫌いか」で決める傾向にあります。こちらがずけずけと言いすぎたとしても、それがお相手にハマれば「わかるわかる！」と笑い話になったりしますが、そうでなかった場合は大変！「意見の合わないイヤなやつ」と思われてしまう可能性も。

言葉にして伝えることは大切ですが、まずは相手の気分や気持ちをきちんと理解し、ひと呼吸置いてから相手の感情の動きに合わせて発言するようにするのがポイントです。

たとえば、喜んでいるなら、こちらも明るいテンションでポジティブな言葉をかけ、悲しんでいるなら落ちついた声で否定せず優しい言葉をかけるなど、相手の感情の声のトーンや言葉の使い方に合わせるようにしましょう

◎人のうわさ話にも敏感

耳からの情報を重んじるタイプということで、人からのうわさ話にも敏感な傾向にあります。

「あの人、○○のこと好きらしいよ」と聞いただけで、なんとなく相手のことを意識して、気になるようになった経験はありませんか？　感情ゾーンの人は特にそういう状況に陥りがちです。

相手をその気にさせるためには、周囲の人に協力をお願いして、「二人は気が合いそうだね」「お似合いだね」などさりげなくサポートしてもらうとあなたへの関心度があがるでしょう。

また、人からどう見られるかを気にするタイプなので、「彼女って素敵だよね」「ああいう女性と付き合う男性っていいよね」など、あなたの評判についても、ちょっと耳打ちしてもらえば、ぐっと成功率は上がります。

◎音楽で二人の共感度を上げる

音楽好きな人が多いのも感情ゾーンタイプの人の特徴。

もし、相手の好きなアーティストなどを知っているのならライブやイベントに誘うと楽しめるでしょう。

オンラインライブを一緒に楽しむのもありです。

とにかく、二人で過ごす時間や共通の体験を増やして、共感度を上げていきましょう。その時は、必ず「一緒に楽しんでいる」という雰囲気づくりも大切に。

「皆が喜んでいると自分も嬉しい」という博愛主義者でもあるので、そのつど、嬉しい気持ちは素直に言葉で伝えるように心がけてみてください。

◎「あなたといて楽しい」と言葉で伝えよう

決めゼリフはなんと言っても、「楽しかったのは、あなたと一緒だったから」。

つまり、相手の存在価値を存分に認めてあげるのです。さらに「あなたと一緒なら、どんなことでも楽しくなりそう」と言って、次に一緒にすることを話し合いましょう。

たとえば映画なら「泣ける」ものや「笑える」ものがおすすめ。

ザ・ハリウッド！　というような白黒つけやすいものを選ぶといいでしょう。終わり方が曖昧だったり、その先を考えなくてはならなかったりするフランス映画などはもやもやするのでＮＧです。

映画でなくても、「楽しかったね！」「悲しかったね！」など、あなたと私は一緒というような言葉を伝えましょう。


雑誌などを見るよりも、耳から入る言葉に敏感なので、「これはどう？」「あれはどう？」と次々に提案して、くいついてきたものや嬉しそうな顔をしたものが彼が興味を持っているものです。それをすかさず見つけて、「え〜、私も実はこれ好きだった！　一緒だね」と共感して話をつなげていきましょう。

彼からの提案があったら、「うん、うん」と相手の話を理解しているよ、共感しているよという雰囲気をアピールするように頑張って。

◎香りに訴えるようなしかけを

「感じる」ということをとても大切にするのが感情ゾーンタイプの人。

それは理屈では説明できない気持ちの動きを大切にするからです。

たとえば、人間は聴覚や嗅覚で心地よさや不快感を判断することが多くあります。ということは、「香り」も相手の感覚を刺激するので、あなたの香りを印象づけておけば、どこか別の場所で同じような香りを感じたときに、あなたを思い出してくれるでしょう。

ただし、ケミカルなものや刺激の強い香りを嫌う男性も多いので、あくまでも「さりげない香り」を心がけましょう。

感情ゾーンタイプにやってはいけないこと

❶「あなたがダメだったから失敗した」と、相手の存在価値を否定するような言葉はNGです。承認欲求が強く、否定されることが何より苦痛なので、こちらは気を使ったつもりの言葉「あなたがいなくても大丈夫」でも、傷つきます。

❷相手の言葉や行為に対し「ありがとう」の言葉がないのはNGです。自分が感謝されること、相手が喜ぶことに強い満足感をおぼえる反面、自分の好意を無にさ

れたと感じると、一転して不信感を持ってしまいます。

❸放置するのはＮＧです。孤独に弱く寂しがり屋なので、離れていても一緒にいるという安心感が大切。たとえ仕事が忙しくて会えなくても、こまめなコミュニケーションは欠かさないようにしましょう。

❹連絡を全てラインやメールだけですますのもＮＧです。大切に思っているなら、少し面倒でもなるべくオンラインや電話で話しましょう。耳から入る情報に敏感なので、文字よりも言葉のほうが感情が動くのです。

❺相手の感情的な言葉に、こちらも反射的に感情的に返すのはＮＧです。相手のエモーションが悪い方に高まり、収拾がつかなくなります。吐き出すだけ吐き出すと、ケロっとすることも多いので「うんうん」と共感しながら、聞き役に徹しましょう。

感情ゾーンタイプの有名人

・田中圭（俳優）・新田真剣佑（俳優）・永瀬正敏（俳優）
・柳楽優弥（俳優）・坂上忍（俳優）・岡田健史（俳優）
・松たか子（女優）・木村佳乃（女優）・榮倉奈々（女優）
・羽生結弦（スケート選手）・大谷翔平（メジャーリーガー）
・貴乃花（元力士）・北野武（芸人・監督）
・松本人志／ダウンタウン（芸人）・賀来賢人（俳優）・横浜流星（俳優）
・伊藤健太郎（俳優）・錦織圭（プロテニスプレーヤー）

Ⓒ［活動ゾーン］タイプ――現実に価値を見出し、実行力がある

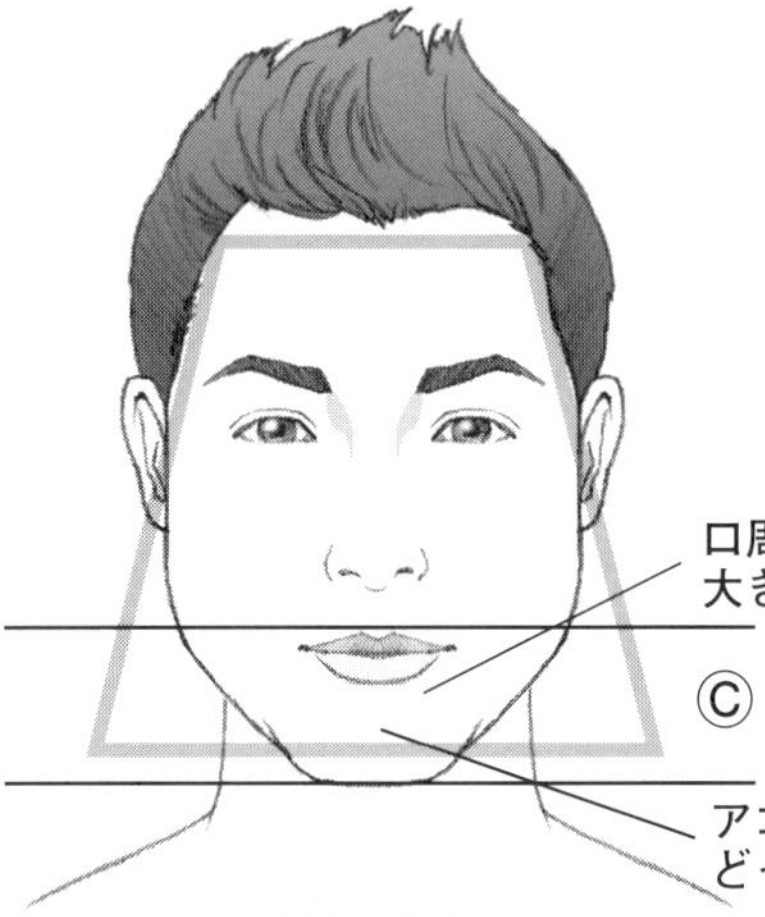

形状：台形

口周りが大きく、あごがどっしりした、台形のような顔型をしているのが活動ゾーンタイプの人です。

顔の下の方に印象があり、このゾーンには口があるので、食事など「口に関係すること」がキーワードになります。また、活動ゾーンという名前の通り「実行力」をも表します。

理想を追い求めたり妄想したりするのではなく、目の前の現実を見つめます。行動の原動力となるのは、とにかく自分への利益。

物事の利便性や活用法を見極める才能にたけています。

目の前に存在しないものには興味を持たないので、人に触れたり、物に触れたりして、存在を確かめるようなコミュニケーションが得意です。

活動ゾーンタイプの特徴

- 自分の欲求に忠実
- 物質的かつ現実的な価値を重要視する
- 利便性、合理性、実用性など利用価値を基準に考える
- 相手の持っている価値を有効利用しようとする
- 手触りや味覚で感じる情報や刺激を大切にする
- 人にどのように思われるということよりも、自分の心地よさが優先

・器用な人が多い
・生きる力がある、バイタリティーにあふれている
・感情で物事を考えにくい
・人やモノに触れるコミュニケーションが得意

活動ゾーンタイプがお相手を選ぶ時の決め手

◆自分にとってメリットがある相手かどうか
◆体の相性が良いか悪いか

活動ゾーンタイプがお相手に求めるもの

◆現実的な将来設計

◆接触的なコミュニケーション

活動ゾーンタイプに効果的！　アプローチ術

◎自分の価値を具体的にアピール

活動ゾーンタイプの人はとても堅実で現実的。

まったく手に入れられないかもしれない理想を追い求め、実現可能性の低い妄想を繰り広げることはありません。無駄だ、自分に必要ないと思ったり、理解しにくかったりする場合には興味が薄れてしまいます。

だから、活動ゾーンの人にアプローチをする場合は、とにかく簡単でわかりやすい言葉を心がけることが大切です。

たとえば、ただ「料理が得意」というよりは「洋食が得意」、もっといえば、「ロールキャベツなら誰にも負けない」など、より具体的に伝えるようにしましょう。

また相手にとって、あなたの存在がメリットになると感じさせることも大切です。就職活動での面接試験と同じと考えてみてください。

自分と付き合ったら、こんなにメリットがあるんですよ！　ということを、明確に伝えましょう。それもできるだけ具体的に。

「早起きだから、毎朝モーニングコールするよ」とか、「看護師だから、風邪ひいても大丈夫よ、看病できる」など、内容が実用的であればあるほど、あなたに興味を持ってくれるはずです。

◎食事に誘うなら誰もが知っている有名店に

活動ゾーンタイプの人は食べることが大好き。

体力があってエネルギーが豊富なので、それを作り出すための栄養、つまり食べ物が必要なのです。

食事に誘うなら誰もが知っているような有名店がおすすめ。知る人ぞ知る、隠れ家的なレストランというよりは、行列ができる店など、そこに「行ったことがある」と人に言った時に「すごい！」とか「いいなぁ」と言われるようなところがいいでしょう。

「ごはん食べに行こう」とあちらから誘われた時も、こんな感じのレストランがいいなとイメージを言うのでなく、具体的に何が食べたいとか、「このお店に行きたい」など具体的な店名を出せるようにすると、わかりやすい明確な答えに、あなたへの好印象度がアップします。

◎デートの時もやりくり上手だと思わせよう

活動ゾーンタイプの人は何か得をするようなものが大好き。

イベントや買い物に行くなら、記念品をもらえたり優待券をもらえたりするような物質的なお得感のあるものがおすすめです。

誰もが知る有名人に会えるというようなのもいいでしょう。

食のイベントやフェスなどで、無料の試食や試飲ができるところをピックアップするのもいいですね。ただ、場所は相手の生活レベルに合わせることが重要。「金のかかる女だな」と思われてしまうと、なかなかその後に理解されるのが難しくなってしまいます。

一方で、彼が節約をしていたり、クーポンを使っていたりすることに対して「ケチ」というような反応はダメ。ここは「賢い」と褒めましょう。

このタイプの人は目に見える価値にメリットを見出すので、あなたも優待券やカードのポイントなどを有効活用している「やりくり上手女子」をアピールすると、相手が結婚生活を現実的に想像できてよさそうです。

◎体を動かすものでコミュニケーションを

人でも物でも「触れる」ことでコミュニケーションをとる活動ゾーンタイプの人には、スポーツなど一緒に体を動かすものがおすすめです。体を動かせるなら、初心者だろうと上級者だろうと相手が興味を持つものならばＯＫ。

◎自宅デートで急接近

活動ゾーンタイプの人は、とても手先が器用で、ＤＩＹや料理が得意な人が多いのです。

ですから「自信作を見てみたいな」とか「得意料理を食べてみたいな」などとお願いすると喜ばれます。なにより自宅デートに持ち込みやすくなりますよね。

このタイプは人に触れるコミュニケーションを好むので、髪を触ったり、手に触れたり、もたれてみたり、あなたから積極的にスキンシップをとってもＯＫです。

◎現実的な話で相手の興味を引く

活動ゾーンタイプに対して、ただ聞いてほしかっただけ、励ましてほしかっただけのつもりで愚痴ったら、励ましてくれるどころかダメ出しをされた、なんてことがあります。

ただそれは、悪気があるわけではなく「どうしたらいいと思う?」と質問されたので、「こうすべきだったのだ」と答えているだけなのです。

つまりこのタイプに、答えの出ない質問や理屈っぽい話、相手にとってメリットのない話をすると、面倒な女性だと思われてしまいます。

また、「老後はハワイに住みたい」「とにかく有名になりたい」「私の理想の結婚は……」など、現実味のない話をいくら話しても興味をもたないのであまり乗ってこないでしょう。

でも、「あまり趣味が合わないのかも」「私のことは好きじゃないのかな」とあっさり彼を諦めてしまわないで!

こういう場合は、話の仕方を変えてみてもいいかもしれません。

「二人で老後ハワイに住んだら、日本での生活よりもどんな点が素晴らしいのか、そのためには、今何をすればいいのか」「私の理想の結婚はこれこれで、でもその結果、あなたにもこんないいことがあるんだよ」など、相手がメリットを感じられるような流れの話にするのです。

◎あなたの将来設計をしっかり伝える

エネルギッシュでガンガン行動していくので、お金も湯水のように使うのでは……というイメージがあるかもしれませんね。

でも、思い出してください。このタイプはとても堅実派。自分が必要とするものにしか、対価を払いません。だから、貯蓄が上手で、倹約家が多いです。それでいて、自分にとってメリットを与えてくれるものならば、コツコツとお金を貯め、欲しいものを手に入れるでしょう。マイホームが欲しいと思ったら、とことん頑張るかもしれません。

ですので、あなたも目標に向かって実行している事柄をアピールしましょう。たとえば、「留学するために、毎月○万円貯金している」「結婚資金を毎月、○万円貯めている」など具体的な将来設計を告げると、あなたとの今後を現実的なこととして考えるようになります。

◎手作りのプレゼントも効果的

自分自身も手先が器用で、もの作りが得意な活動ゾーンタイプなので、手作りのプレゼントはとても喜ばれるはず。それが実生活で使えるものならなおさら！「便利で、使えるものを作ってくれた」という現実的な価値を感じてくれ、あなたをみる目も変わるでしょう。

「どんなものを作ればいいかわからない」という人は、マフラーや手袋、マスク、パジャマなどがおすすめ。手触りや肌触りなど、触れた時の感覚を大切にするタイプなので、生地などは見た目よりも、触り心地を重視して選ぶと○《マル》。

活動ゾーンタイプにやってはいけないこと

❶あまりに非現実的な話ばかりするのはＮＧです。熱く夢を語っても「この人は何を夢見てるんだろう……」と冷めた目で見られてしまいます。リアリストなので

「理想はこうだよね」「仮にこうなったら……」のような話も「でも現実にはこうだろ」と興味を示しません。

❷抽象的な話や結論のない話をするのはNGです。感覚で物事を考えることが得意ではないので、「明確にわかりやすく話してくれないとわからない」と気分を害します。空気で察してほしいことでも、まず期待通りにはなりません。

❸贈り物に相手の知らないブランドを選ぶのはNGです。自分独自の価値観より、他の多くの人が評価するものに価値を感じるので、ベタでも皆が知っているブランドがよいのです。せっかく知る人ぞ知るブランドを選んでも「何それ知らない」で終わります。

❹身持ちが固すぎるのはNGです。相手は接触コミュニケーションを好む、つまりはスキンシップやキス、セックスに愛情を感じるタイプなので、あまりに控えめすぎると「自分には気がないんだな」と思われてしまいます。

❺相手がお腹が空いている時や眠い時は全てＮＧです。本能欲求に忠実なので、だんだん機嫌が悪くなり、それらが満たされない限り、すべてのことに前向きになってくれません。特に大切な話をする時などは、相手のコンディションに注意しましょう。

活動ゾーンタイプの有名人

- ムロツヨシ（俳優）・佐藤二朗（俳優）・孫正義（実業家）
- 亀井静香（元政治家）・福留孝介（プロ野球選手）
- 稲垣啓太（ラグビー選手）・香取慎吾（タレント）
- カンニング竹山（芸人）・出川哲郎（芸人）・ラサール石井（芸人）
- 横澤夏子（芸人）・今井美樹（歌手）
- しずちゃん／南海キャンディーズ（芸人）

3章

〈顔のパーツ〉で本当の気持ちがわかる

顔を構成するパーツにはより細かい特徴が表れている

前章で、それぞれのゾーンの人に対する対処法がわかったと思います。

気になる相手が、どういった行動をとる傾向がある人なのかということを知っているだけで、話のきっかけ作りができたり、理解ができたりしますよね。

さて、今度は目や鼻、口などの顔を構成している各器官を見ていきます。この器官のことをパーツと呼びます。それぞれのパーツには性格傾向が表れているので、ゾーンの行動傾向と合わせて分析すると、相手をより深く知ることができます。

最初は顔の中でインパクトのある部分だけに注目してもいいでしょう。これもゾーンと同じように瞬間の印象で判断してみてください。

そして、細かい部分を見ていくうえで、一つ大事なことをお伝えします。

それぞれのパーツには「表」の意味と「裏」の意味があるということを覚えておいてくださいね。

たとえば、「誰とでも仲良くなる」という傾向があるとします。普通に受け取れば、社交的で付き合いやすい人ということになりますよね。でも、裏の意味を考えてみると、広い付き合いはするけれど、特定の人にしぼることはあまりない人とも考えられます。

ですから、「こういう人！」と決めつけてしまうことなく、必ず両面から理解するように努めると、相手の魅力が広がります。

額──思考のスピードがわかる

「額」、つまり、おでこの部分に注目します。

「額」は考えの速さを示すもので、その人がいろいろ考えすぎるタイプなのか、物事をじっくり考えるよりも、早く考えることに重きをおくタイプなのかがわかります。

恋愛でいえば、あなたが告白した時や「結婚したい」と言った時に、即答するのかじっくり考えてから答えるのか、ということです。

生え際から眉に向かって、おでこはどのような形になっていますか？

①横から見て傾斜している
②横から見てまっすぐ（垂直）
③横から見て丸みがある

①横から見て傾斜している――頭の回転が速い

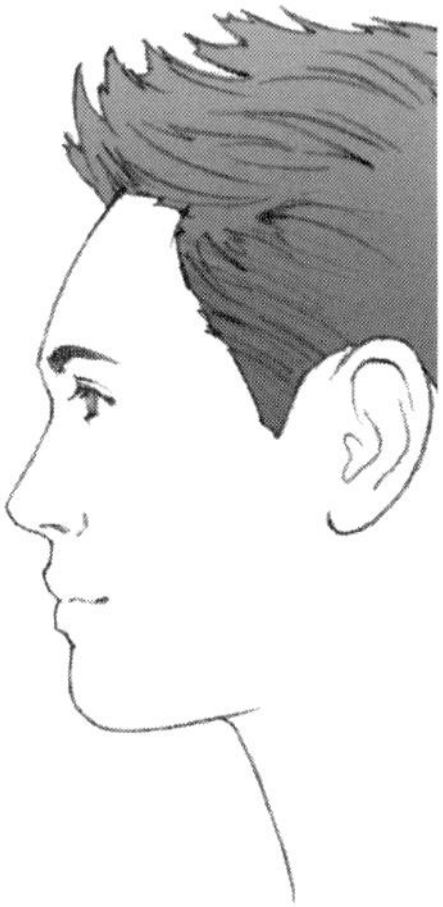

横から見た時に、額が眉に向かって斜めになっている場合は、頭の回転がとても速い人です。瞬時に解決策を考えなければならない政治家にはこのタイプが多いです。

ただ、頭の回転は速いのですが、思考が速すぎて、「本当にちゃんと考えてる？」と聞きたくなることも。

あなたが告白した時、「いいよいいよ」と即答してくれても、本当に考えて返事をくれているのかと心配になることもありそう。

でも、裏を返せば、思考が速いので、ちゃんと先の先まで考えているから心配しなくて大丈夫ということです。

こういう相手にはまわりくどい表現をすると、スパッと切り捨てられてしまったり、勝手な判断をされたりすることもあります。

わかりやすい言葉で、結論から伝えるようにすると、「自分のことをわかってくれる」と好印象を与えます。

また、このタイプなのに、なかなか交際や結婚に対する答えを出してくれない場合などは、理由を聞いてみてもいいかも。

本当は先の先まで考えるタイプなので、答えはすでに出ているはず。でも、「まだ結婚に関しては考え中」「答えを出すのは早すぎる」といつまでも曖昧なことをいうのなら、ただ、先延ばしにしたいだけで、その場しのぎで返事をしているので、こちらから見切りをつけたほうがよさそうです。

傾斜は傾斜でも、なだらかな傾斜ではなく、極端に角度がついたタイプの人も時々います。このタイプは、早く結論を出したいがために、短絡的に思いついたことを言うこともありますし、他の人への配慮ができなくなることもあります。「そんなつもりはなかった」とか「そういう意味ではない」などの理解の相違が発生しないためにも、こちらの言いたいことをきちんと理解しているかどうかを、こまめに確認しながら話を進めるのが大切です。

横からみて額が傾斜している有名人

・平井堅（歌手）・市川海老蔵（歌舞伎役者）・タモリ（タレント）
・大野智／嵐（タレント）・綾野剛（俳優）・小沢一郎（政治家）
・小泉進次郎（政治家）・蓮舫（政治家）・亀井静香（元政治家）

②横からみてまっすぐ（垂直）――物事をじっくり考える

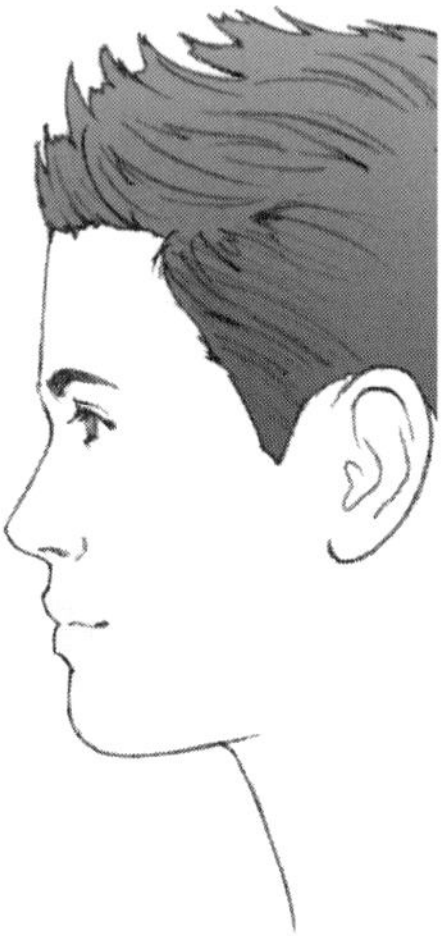

横から見て生え際からまっすぐに下りてきている額の人は、じっくり考えるタイプ。

掘り下げることが得意なので、何か気になることについては直感ではなく、とことんこだわって考えます。

丁寧な役作りをする演技派で個性的な役者さんにはこのタイプが多いです。

自分が感じたことをポンポンと語らないので、反応が悪かったとしても「私、嫌われてる？」などと思わなくて大丈夫。

逆にせかされるのが苦手なので、根気よく、相手の話に耳を傾け、相槌を打ったり、話を引き出してあげたりすることがポイント。

ただ、相手の考えを変えるのは難しく、できたとしても時間がかかります。

結婚話が出た際、なかなか答えが出なかったとしても、彼は本当にあれこれ考え中。あなたとの結婚生活についてしっかりシミュレーションしています。

こういう時は、せかさず、彼からのアクションを少し待ってみてもよさそうです。

また、額に少しも傾斜がなく、垂直のようになっていれば、相当、頑固な人。物事を考えすぎるあまりに狭い考え方に陥ってしまい、柔軟性がまったくなくなる傾向にあります。

ただ、裏を返せば石橋を叩きまくるタイプで、超慎重派ともいえるので、一緒にいてハラハラするようなことはないでしょう。

横からみて額がまっすぐな有名人

・ブラッド・ピット（俳優）・藤原竜也（俳優）・瀬戸康史（俳優）
・篠原涼子（女優）・阿部寛（俳優）・浅野忠信（俳優）
・椎名桔平（俳優）・蒼井優（女優）・又吉直樹（芸人・作家）
・福山雅治（俳優）・岡村隆史／ナインティナイン（芸人）

③横から見て丸みがある――想像力が豊か

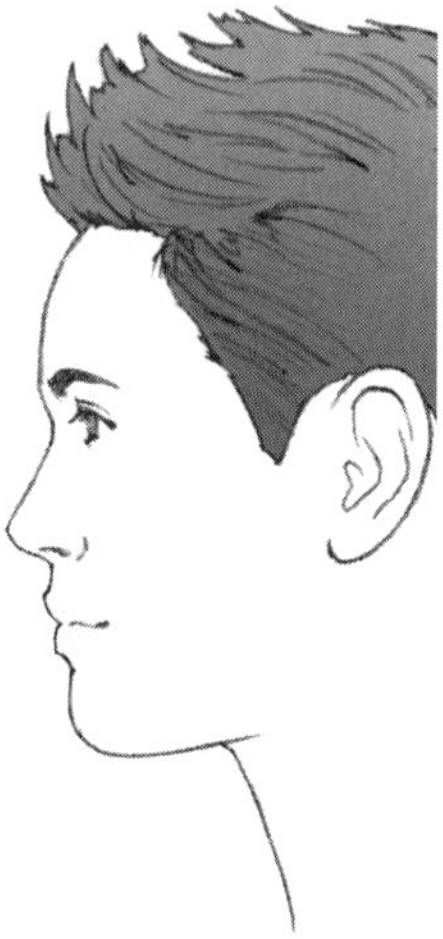

横から見た時に、額がぷっくりと丸いタイプの人はとても想像力が豊かで、超がつくほどロマンチック。自分の頭の中で、いろいろなストーリーを作り出してしまうという特徴があります。

こういうタイプの相手には、あまりストレートに何かを指摘したり、具体的な指示を出したりしてしまうと、持ち前の想像力を発揮できないので、噛み合わず拒否されてしまうことも。「もし○○だったら?」などと想像をめぐらせるようなことなどを会話におりまぜていくと、あなたと「もっと話したい」となります。

横から見た時、極端にぷっくりと額が膨らんでいたら、「おとぎの国の住人」といえるほどで、たとえば結婚に対する現実的な考え方はゼロといってもいいです。あなたがいくら将来設計について話し合おうとしても、「歳とるつもりはないから大丈夫」とか、とんちんかんな返事がくることも。

こういうタイプの人に大切なことを伝えたい時には、具体的な例を出すことが必要。さらに、理想と現実の接点を常に意識しましょう。

もし理解しあえる点があれば、相手の想像が暴走しても「こんな人だと思わなかった」ということや、夢みがちな一面を糾弾して、傷つけることも避けられます。

横から見て額に丸みがある有名人

・橋本環奈（女優）・宮沢りえ（女優）・山本美月（女優）

・安室奈美恵（元歌手）・ベッキー（タレント）・観月ありさ（女優）

※額がボコボコしている人は？

この形状は、はっきりと出る人は少なく、出ていても目立ちにくいのですが、横から見た時に、額がボコンボコンと三つぐらいに分かれている人がいます。これは物事を順序よく、論理だてて考えられる人。

しかし、どうしてもロジカルに考えすぎる傾向が強いため、理屈っぽさが増してしまい、時には攻撃的に感じることも。

でも、責めているとか、やりこめてやろうなどの悪気はないのです。むしろ、あなたに興味があるがゆえですので、会話の流れでこうなってしまったら、「うんうん」と聞いてあげてから、さりげなく話題を変えていくのが得策です。

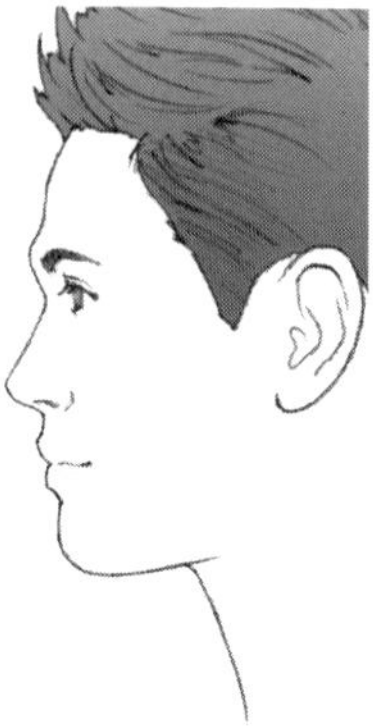

こめかみ――想像したことを実現するための方法や手段を考えられるかがわかる

こめかみの形を見ると、想像したことやアイデアを具現化していく方法を考える力があるかどうかがわかります。

こめかみというのは目の横のあたりです。

顔を正面から見たときに、こめかみにへこみがあるかどうかを見て、判断してください。

①へこみがない
②少しへこんでいる
③大きくへこんでいる

①へこみがない――思考がフラット

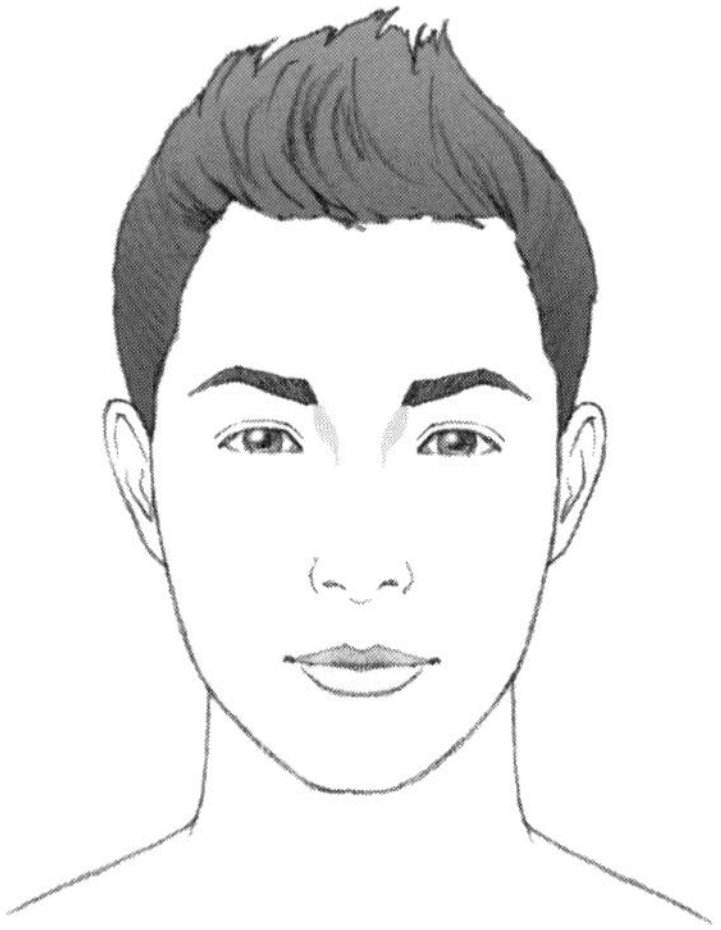

正面から目の横を見たときに、へこみがないこめかみの人は、自分が想像したことや考えたことを実現するための方法を考えることができます。

思考がフラットなタイプなので、たとえばケンカをしても解決策を見出し、歩み寄ってくれます。あなたも意地をはらずに、素直に仲直りしましょう。

自分に対しても、相手に対しても「こうでなくてはならない」という固定観念にはとらわれにくいので、寛容にあなたを受け入れてくれるはずです。

こめかみにへこみがない有名人

- 蒼井優（女優）
- 小泉進次郎（政治家）
- いとうせいこう（タレント）

②少しへこんでいる――道徳・決まりごとを重視する

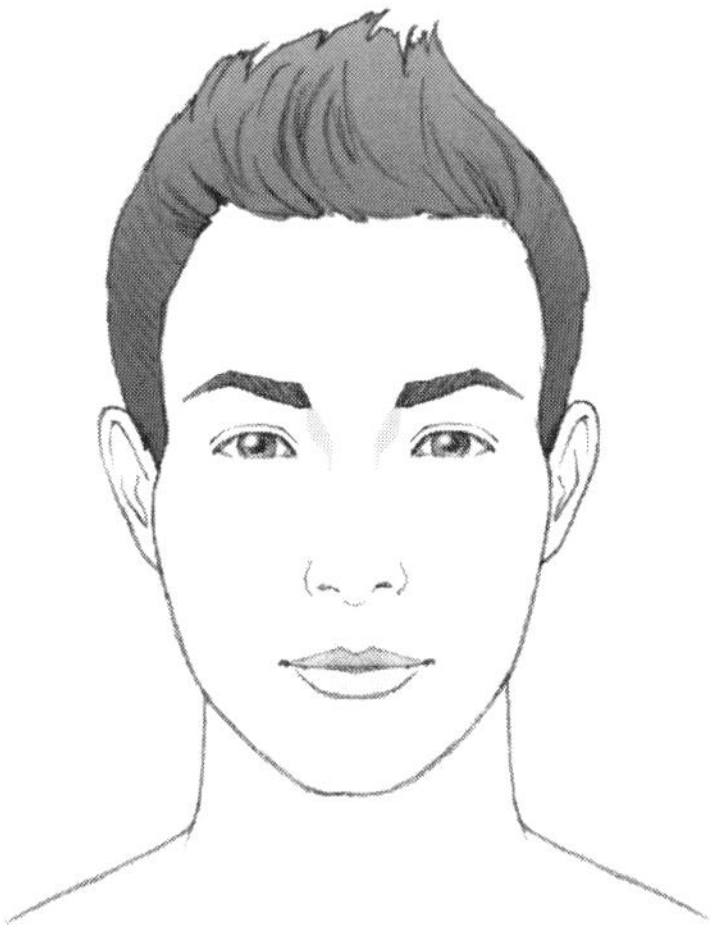

このタイプの人は、世の中のルールや道徳を重視します。

道から外れたことや他人から後ろ指を指されるようなことは決してしません。

もし、すでに彼女がいる相手から略奪しようとしても、成功率は低いかもしれません。

このタイプは決まりごとを守ると同時に、自分に対しても「こうあるべきだ」と固執してがんじがらめになることもあります。

何かやりたいことを実現しようとする時にも、常識や世の中の決まりごとに足を引っ張られてしまうと、実現が遅れることもあります。あなたはその常識から解放し、行動できるよう背中を押してあげるのもいいでしょう。

また、「結婚するなら結婚式をやるべき」「結婚式はこうやるべき」など、一般論を尊重する傾向があります。そのため、頑固で融通が利かないと映ることもあるかもしれませんが、裏を返せば、とても真面目な人という見方もできます。
二人だけのルールを作れば、より強い関係で結ばれるはずです。

こめかみが少しへこんでいる有名人

・木村多江（女優）　・財前直見（女優）　・東貴博／Ｔａｋｅ２（芸人）
・平井ファラオ光／馬鹿よ貴方は（芸人）

③大きくへこんでいる――考えすぎて優柔不断

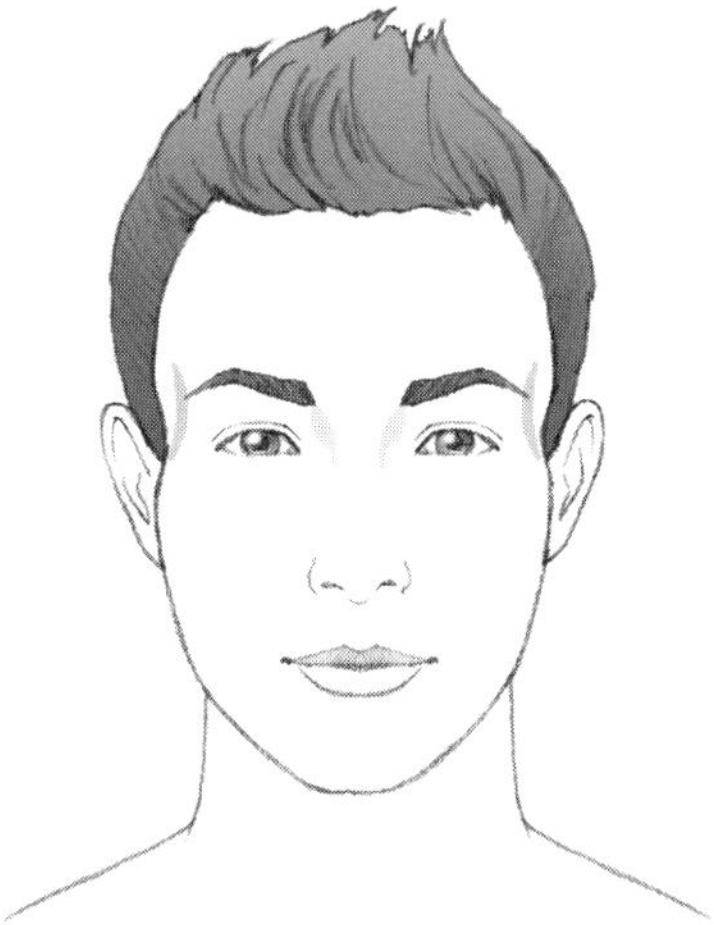

ごくまれですが、こめかみが極端にへこんでいる人がいます。

このタイプは問題が起きた時、一点集中して考えるので、ほかのことに考えが及ばなくなってしまいます。

たとえばケンカをすると、そのケンカそのものに目を向けるので、解決策にまで意識が向きません。そういう時はイライラせず、あなたから問題を乗り越えるための具体例を挙げ、可能性を提案してみましょう。

また、一つのことを考えすぎるくらいに考えてしまうので、なかなか答えを出しません。その姿は、一見すると優柔不断に見えてしまうこともあります。

一方で、物事を慎重に深く考えてくれるので、あなたが思い立ったらすぐ行動！の傾向にあるようでしたら、このタイプの人に助言を求めるのもいいでしょう。

目──情報や知識をキャッチする力がわかる

「目」には、情報や知識をどのように取り入れるかが表れています。情報や知識を「見て」取り入れると考えればわかりやすいですよね。

目からわかる特徴は三つです。

Ⅰ　**好奇心**
Ⅱ　**選択欲求**
Ⅲ　**柔軟性**

恋愛においては、相手がこちらのどういった情報がほしいのか、その情報をどんな網目のふるいにかけて選ぶかを知ることができます。

目が大きいか細いか、上がり目か下がり目か、目と目の間の距離によって、性格傾向が変わってくるので、さっそくチェックしてみましょう。

【Ⅰ 好奇心がわかる】

①細い目
②ぱっちりした目
③目と目の間が狭い
④目と目の間が広い

【Ⅱ 選択欲求がわかる】

①横から見て目が出ている
②横から見て目が奥まっている

【Ⅲ 柔軟性がわかる】

①上がり目
②下がり目

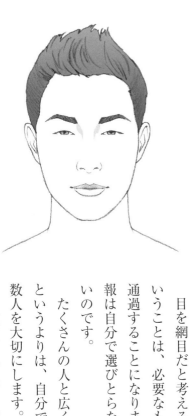

〔Ⅰ 好奇心がわかる〕

①細い目――繊細で情報を選びとる

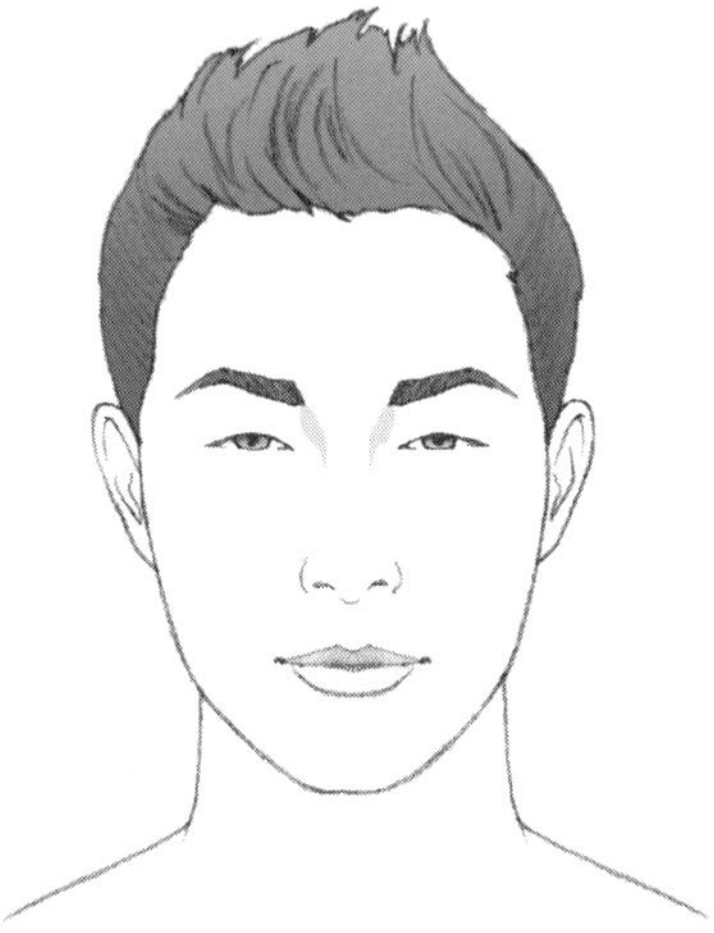

目を網目だと考えると、目が細いということは、必要なものだけが網目を通過することになります。つまり、情報は自分で選びとらないと気がすまないのです。

たくさんの人と広く浅く友達になるというよりは、自分でじっくり選んだ数人を大切にします。

社交的に見えても、実は人見知りで警戒心が強かったり、繊細さや細やかさがあったりする部分もあるので、最初からぐいぐい行くのではなく、私は「あなたの味方だよ」「理解しているよ」などとアピールし、相手の警戒心を解くのがポイント。
嘘や裏切りをせず、まっすぐに素直な気持ちを見せてくれるとわかれば、心を開いてくれます。仲良くなるまでは時間がかかるかもしれませんが、一度、親しくなれば、より仲を深めることができます。

細い目の有名人

・井ノ原快彦／V6（タレント）・綾野剛（俳優）・大沢たかお（俳優）
・市原隼人（俳優）・高橋克典（俳優）・及川光博（俳優）
・星野源（歌手・俳優）・浅野忠信（俳優）
・みやぞん／ANZEN漫才（芸人）・笑福亭鶴瓶（落語家）
・羽生結弦（スケート選手）

②ぱっちりした目――好奇心旺盛で情報をたくさん集めたがる

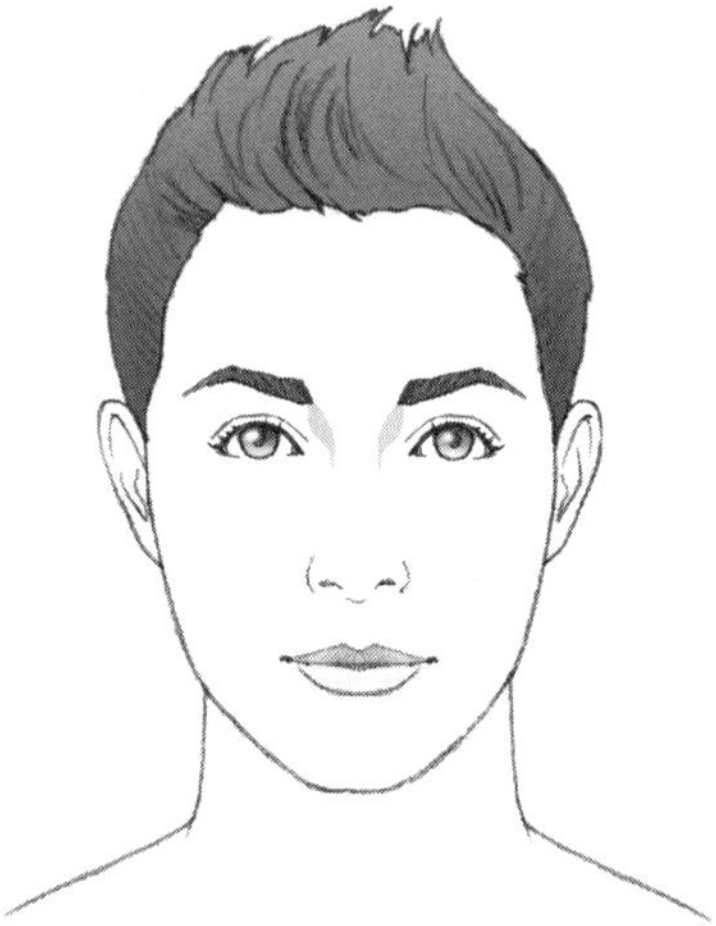

目がぱっちり開いているのは好奇心旺盛な人で、相手のことをなんでも知りたいと思うタイプ。

男女問わずとりあえず付き合ってみるという姿勢を見せます。

お相手がこのタイプなら、いろいろなところに誘っても大丈夫。ガンガンとアプローチをして、まず仲良くなりましょう。

はじめはグループで行動してもいいですが、一緒に盛り上がれる人だと感じてもらえたら、受け入れてくれるのも早いです。

このタイプの人は目から入ってくるものに影響を受けやすいので、もしデートに誘うのであれば、景色のいいところや夜景のきれいなところがオススメ。印象あるシーンをあなたと共に心に刻み付けてくれるはずです。

一方で、ふるいの網目が大きい分、情報を取り入れすぎて何が大切なのかわからなくなってしまうことも。会話の合間に、何が一番で何が二番なのかなど、本人にとって有用な情報の整理と順番付けをしてあげることが重要です。

ぱっちりした目の有名人

- 新田真剣佑（俳優）・山崎賢人（俳優）・橋本環奈（女優）
- 三浦翔平（俳優）・瀬戸康史（俳優）
- 山田涼介／Hey! Say! JUMP（タレント）・ローラ（タレント）
- 波瑠（女優）・有村架純（女優）・安達祐実（女優）
- 博多華丸／博多華丸・大吉（芸人）

③目と目の間が狭い——集中力がある

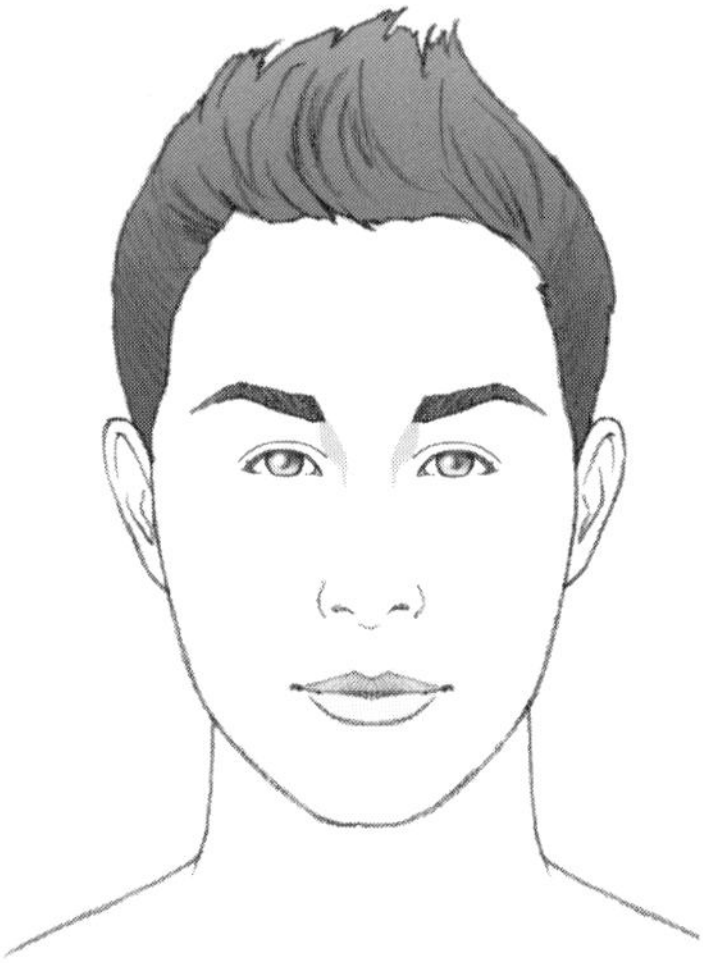

左右の目の間の距離を見てみてください。

この目と目の間というのは、好奇心への間口の大きさを表します。目一つ分よりも狭い人は、一つのことに集中できる人。

逆に言えば、一度にいくつものことをすることができません。恋愛でいえば一途な人でしょう。

もし、あなたがこのタイプなら、相手に集中しすぎて「重い」と思われてしまう可能性もあります。親しくないうちは、あまり気持ちを前面に出さないようにしましょう。

このタイプの人が仕事を頑張っている時や他の趣味に集中している時に、いくらデートに誘っても気のないそぶりを見せるだけ。こちら側に興味がないわけではなく、一つ一つ物事を片付けていくタイプなのです。

いつごろ終わる予定なのかを聞いて、相手のタイミングに合わせて誘うと、「絶妙なタイミング」ということで、あなたの印象もよくなるでしょう。

④目と目の間が広い――好奇心旺盛すぎて、あれもこれもと目移りしがち

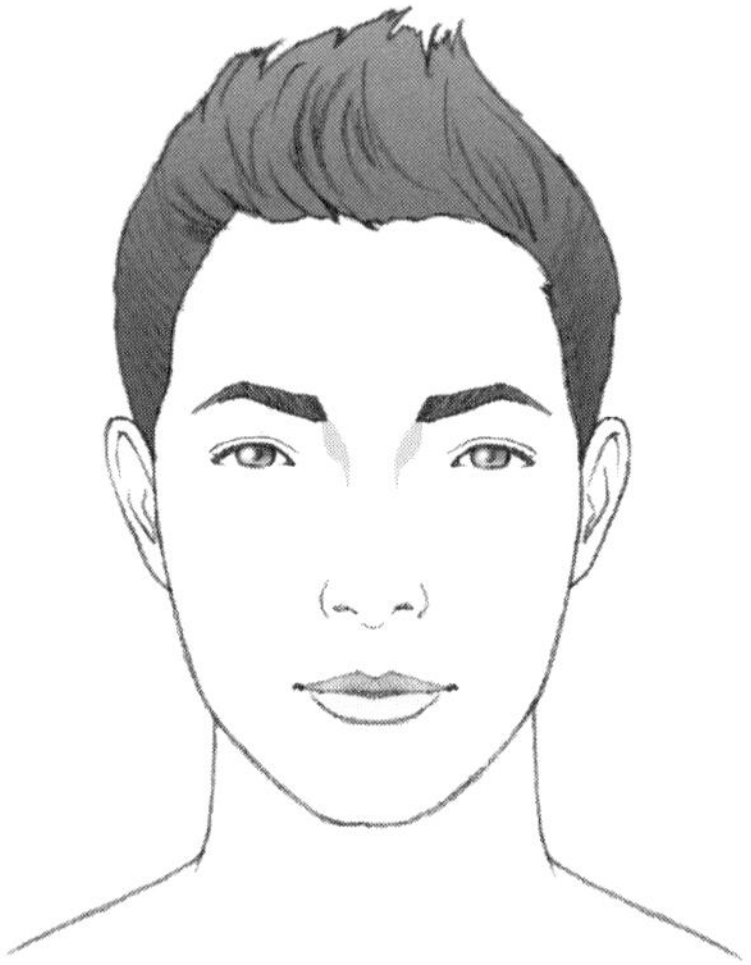

目と目の間が広い人は、いろいろなことを一度にやりたいタイプ。

目が細い人は自分で情報を選びとりたいタイプということは前にお話ししましたね。

ですから目が細くても、目の間が広い人は「たくさんの情報を集めて、その中から自分にとって価値のあるものを選びたい」人ということになります。

合コンなどでも、一人に決め打ちするのではなくて、いろいろな人に会って話して、その中から最終的に自分に合う人を見つけたいという傾向があります。

〔Ⅱ 選択欲求がわかる〕

①横から見て目が出ている――見た目で判断しがち

今度は横を向いた状態で、目の形をチェックします。

まゆがしらから垂直に線をひいたと考えてみましょう。

まゆがしらよりも目が出ている場合は、目から入ってくる情報に影響されやすい人です。つまり、物事を見た目で判断をします。

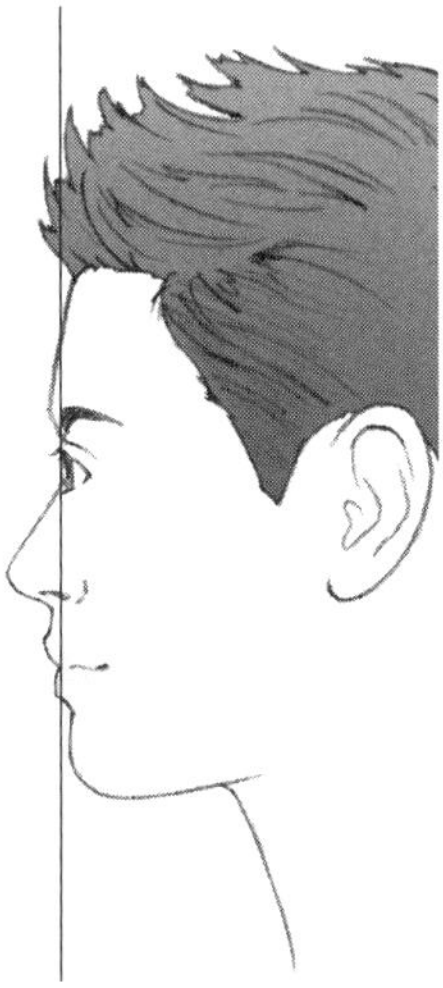

このタイプの相手と話をする時やデートに誘う時なども、具体的にイメージできるように写真を見せるなど、言葉だけでなくビジュアルでも確認させるといいでしょう。

②横から見て奥まっている――情報は自分で選びたい

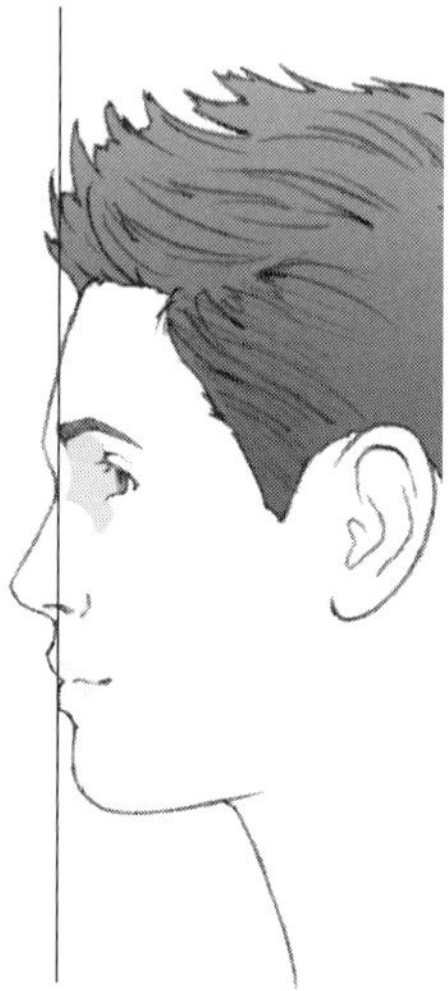

先ほどとは反対に、まゆがしらから垂直に線をひいたと考えた時、目が奥まっている人もいます。

こういったタイプの人は、情報を選びたいという気持ちが強いのです。

このタイプの人に対し、意見を押し付けたり、何でもかんでも決めてしまったりするのはNG。

しっかり考えや希望を聞いてあげるようにしましょう。

※三白眼

目を正面から見た時に、細い大きいに関わらず、白目の部分の多い人がいます。普通は黒目の両側が白いですよね。それに加えて、下の部分も白い場合は、疲れていたり、悩みがあったりする状態です。

話を聞いてあげたり、休みをとるよう勧めてあげたりしましょう。

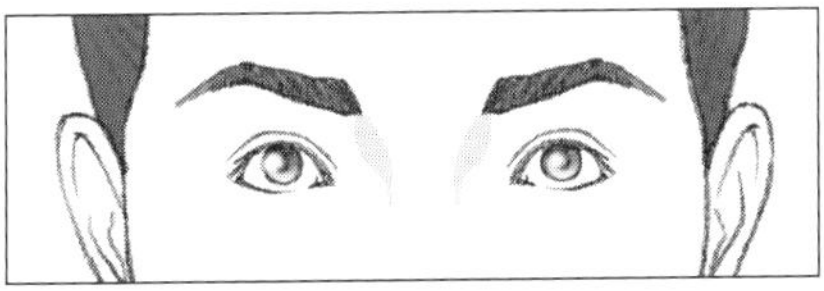

〔Ⅲ 柔軟性がわかる〕

①上がり目――意志が強い

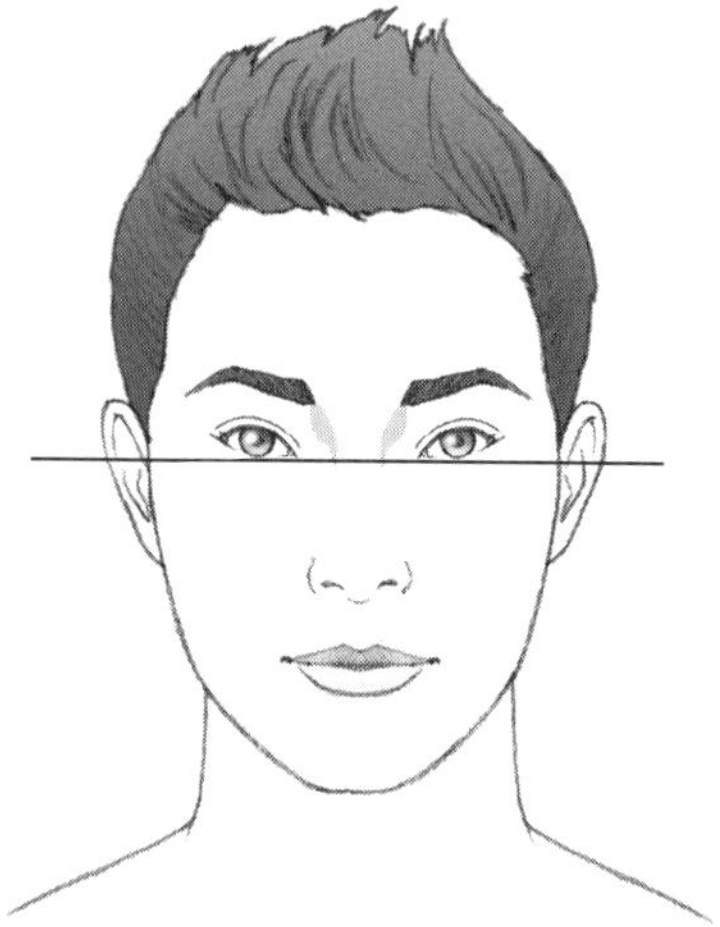

顔を見て、目頭から耳の方にまっすぐに線を引いたと考えてみてください。目尻がその線よりも上がっているか下がっているかで、人の意見を聞き入れるタイプかそうでないかがわかるのです。

上がっているタイプは、自分が興味のあることだけにとことん目を向けます。興味のあることだけに興味を持つものですが、こういうタイプの人は特に顕著です。

人の意見に耳を傾けず、自分の考えに固執しがち。それは時として意志の強さにもつながりますが、高じると視野が狭くなってしまうことも。
自分のやり方を否定されたり、強く指示されたりすることを嫌うので、表面上はニコニコしていても、実は心の中で舌打ちしているなんてこともありそうです。

上がり目の有名人

- 菅田将暉（俳優）
- 永瀬廉／King & Prince（タレント）
- 柳楽優弥（俳優）
- 松田翔太（俳優）
- 亀梨和也／KAT-TUN（タレント）
- 長谷川博己（俳優）
- 桐谷健太（俳優）
- 広瀬すず（女優）
- 菜々緒（女優）
- 深田恭子（女優）
- 剛力彩芽（女優）

②下がり目――人の意見をきちんと聞ける

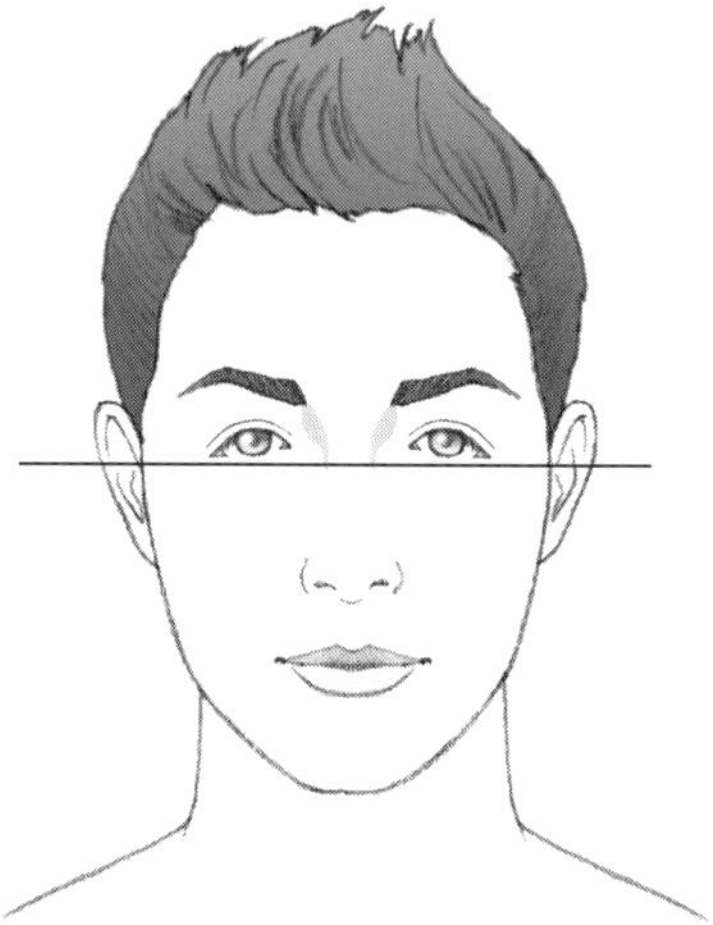

目頭よりも目尻が低い位置にある人は、人の話をしっかり聞き、目の前の物事をじっくり見つめることができる人です。

名脇役と言われる役者さんには、このタイプが多いです。役をしっかり受け入れて、自分のものにできるからですね。

ただ、極端に下がっている人は優柔不断になりやすく、人の意見を聞いては「なるほど、そうかも」「こっちもいいかも」などと流されやすい状態です。

このタイプの人には、「私と一緒に○○しない？」とさりげなく行動を決めてあげたり、逆に自分で決めることを促してあげると、うまくいくでしょう。

下がり目の有名人

・鈴木亮平（俳優）　・大沢たかお（俳優）　・峯田和伸（俳優）
・えなりかずき（俳優）　・井ノ原快彦／V6（タレント）
・日村勇紀／バナナマン（芸人）　・ヒュー・グラント（俳優）
・安倍晋三（政治家）　・小沢一郎（政治家）

目尻に関しては自分の今の状態をチェックするのにも使えます。毎日、鏡を見る時に目尻を確認してみてください。

つり上がっているようであれば、無意識に人の話を聞けなくなっている状態です。一方で、目尻が下がっていると感じれば、人の意見に流されてしまい、自分の意見を見失いがちになっています。

いつもと違うなと感じたら、意識して人の意見に耳を傾けたり、自分の考えを整理したりしてみましょう。

鼻——本音がわかる

「鼻」には、いろいろな情報が集まっています。合コンや婚活パーティなど初対面の時は、「鼻」を見てみれば、およその考え方の傾向がわかります。

鼻からわかる特徴は三つあります。

Ⅰ 意思を上手に伝えられるか、伝えられないか
Ⅱ 言わずにはいられないか、秘密主義か
Ⅲ 愛情の質と量、どちらを求めるのか

これらはそれぞれ見る場所が違います。
さっそくご説明していきましょう。

〔Ⅰ 意思を上手に伝えられるか、伝えられないか〕

①横から見て傾斜がある
②横から見て傾斜がない
③横から見て鼻筋が波打っている

〔Ⅱ 言わずにはいられないか、秘密主義か〕

①正面から見て鼻の穴が見える
②正面から見て鼻の穴が見えない

〔Ⅲ 愛情の質と量、どちらを求めるのか〕

①鼻筋が細い
②鼻筋が太い
③鼻の穴が丸々としている
④鼻の穴が三角形になっている

【Ⅰ 意思を上手に伝えられるか、伝えられないか】

① 横から見て傾斜がある――主義主張をはっきり伝える

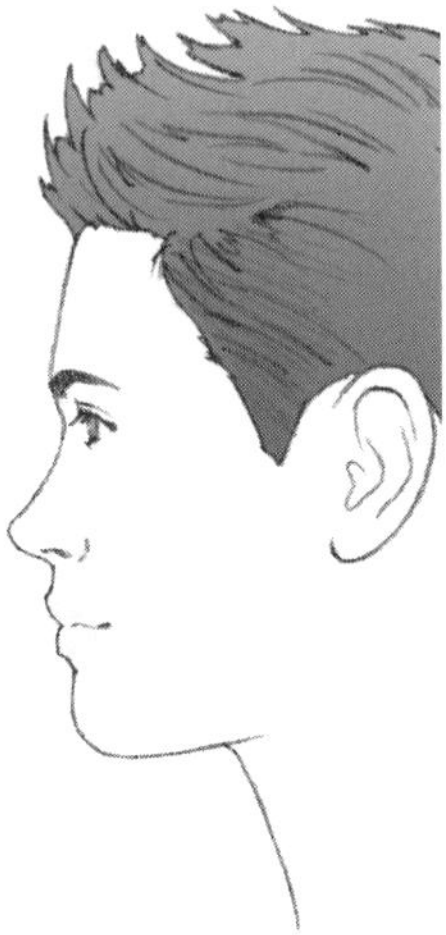

自分の考えや思いをしっかり伝えることができる人です。

しかも、勢いもあります。

俳優さんや女優さんで言うと、主演を務めるタイプの人が多いです。

ただ、勢いが強すぎて、それを強引だと感じてしまうこともありますが、相手の考えをハッキリ知りたい人や、お互いの意見を遠慮なくぶつけ合いたい人、もしくは、相手に合わせる方が楽だという人にとっては相性が良いでしょう。

横から見て鼻に傾斜がある有名人

・木村拓哉（タレント）　・山田孝之（俳優）　・向井理（俳優）
・篠原涼子（女優）　・多部未華子（女優）　・綾瀬はるか（女優）
・新垣結衣（女優）　・宮崎あおい（女優）　・北川景子（女優）

②横から見て傾斜がない——自分の気持ちを伝えるのが控えめ

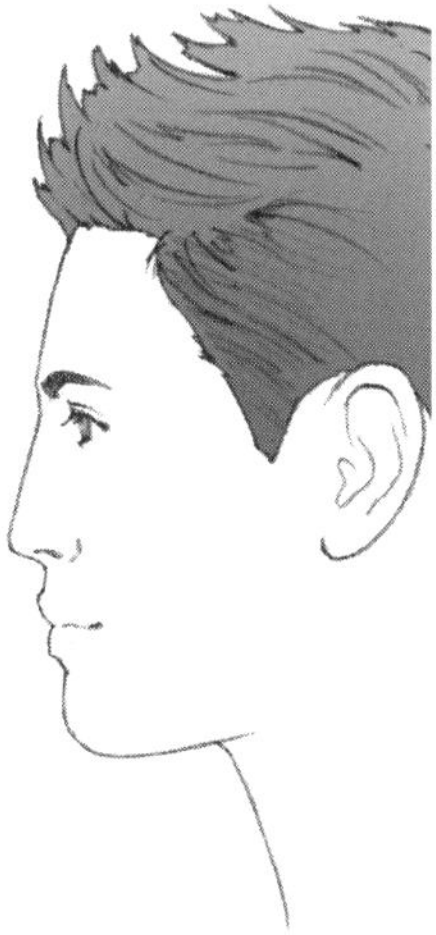

横から見た時に、鼻が斜めになっておらず、まっすぐにストンと落ちているタイプの人は、自分の気持ちを伝えるのがあまりうまくありません。
自分の気持ちを押し殺してしまったり、はっきり言えずに、オブラートに包んでしまったりする傾向にあります。

ですから無謀な恋愛はしませんし、見込みがないと思う恋はしないタイプです。控えめで自分の意見を主張することがないので、あなたの言うことに対して、のらりくらりとかわすだけで手応えを感じないかもしれません。

もし、あなたのことが気になっていたとしても、それを素直に伝えようとはしないので、あなたがリードするようにしましょう。

横から見て鼻に傾斜がない有名人

- 亀梨和也／KAT－TUN（タレント）
- 藤井流星／ジャニーズWEST（タレント）
- 本郷奏多（俳優）
- 葵わかな（女優）
- 竹内結子（女優）
- 百田夏菜子／ももいろクローバーZ（タレント）
- 板野友美／元AKB（タレント）

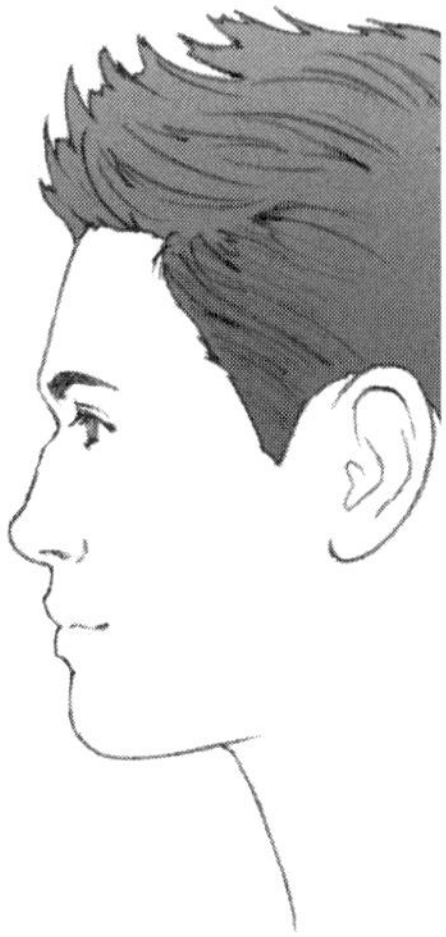

③横から見て鼻筋が波打っている——感情の起伏が激しい

横から見た時に、鼻がぼこぼこと波打っていることがあります。

このタイプは自分の思いが強くなったりひっこんだりするので、感情の起伏がとても激しいです。情熱的な相手優位でドキドキ感満載の恋愛ができるでしょう。

でも、気分を害しやすいタイプでもあるので、振り回されてしまって疲れることも。

一つの言葉に一喜一憂するのではなく、相手の置かれた状況を見極めつつ、そのうえで会話をし、あなたはいつも本心を伝えるようにしましょう。

※横から見て鼻先が丸い

鼻の先の部分もチェックしてみましょう。

鼻先が丸まっている人がいます。

このタイプは、自分の安全や成功を確信した時だけ、思いを率直に伝えるのです。

つまり、口に出して何かを言うということは、それなりに自信があるということになります。

ですから、もしあなたに興味があっても、よほど成功の自信がないと告白してくることはありません。

あなたから思いを打ち明けるか、態度でアピールするようにしましょう。

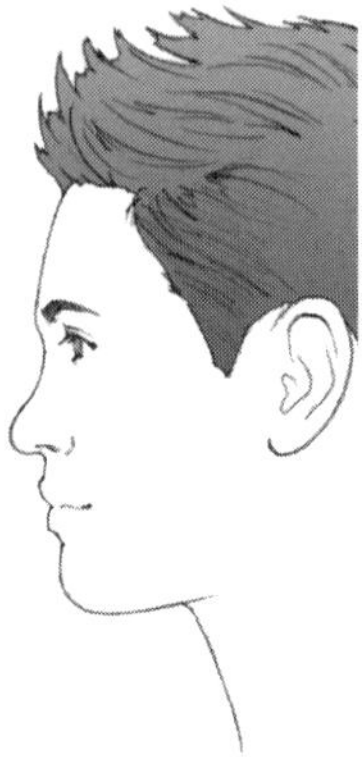

〔Ⅱ 言わずにはいられないか、秘密主義か〕

①正面から見て鼻の穴が見える——思ったことを言わずにはいられない

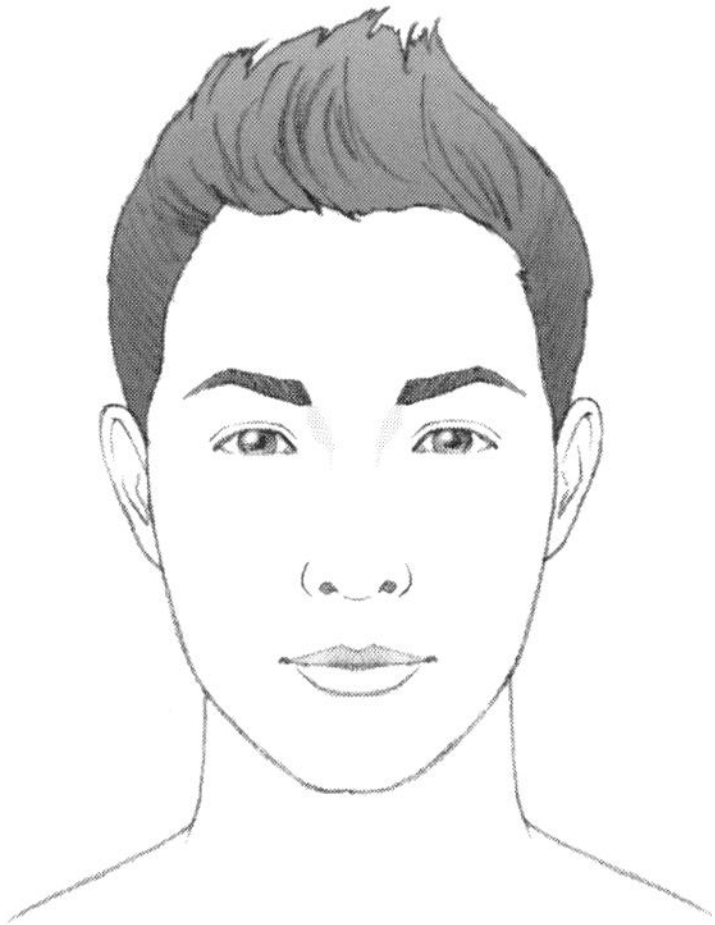

鼻の穴というのは感情の吐き出し口。鼻の穴が見えるタイプは、思ったことは率直に相手に伝える傾向にあります。好きになったら、その思いもまっすぐにぶつけてくるでしょう。ただ、考えを何でも口にしてしまうので、裏表はないのですが、不用意な発言や、軽口をたたいたりすることもあります。

でも、悪気はないので、こちらも思ったことを伝えるようにするといいでしょう。

鼻の穴が見える有名人

・松田龍平（俳優）　・吉沢亮（俳優）　・福山雅治（俳優）　・吉田羊（女優）
・北川景子（女優）　・吉高由里子（女優）　・高畑充希（女優）
・松本穂香（女優）　・戸田恵梨香（女優）　・市川実日子（女優）

②正面から見て鼻の穴が見えない——秘密主義

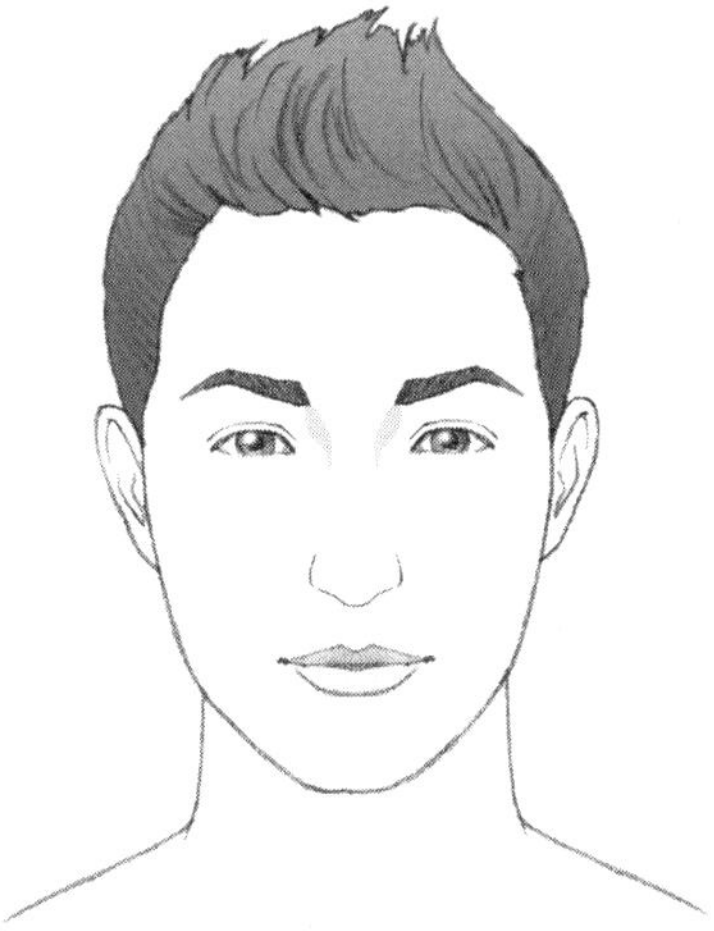

鼻の穴が見える人とは反対で、このタイプはとても秘密主義。なかなか本音を言うことはありません。

むしろ、本音と建前を巧みに使い分けることができるし、調子を合わせてくれるので、このタイプの人の言葉を鵜呑みにしてしまうと、あとで痛い目に遭うことも。

こういうタイプは会う回数を重ねて、本音を引き出すようにすると付き合いやすくなります。

自分のペースで話をしたいので、あなたは自分の話をするより、ゆっくり話を聞いてあげてください。

鼻の穴が見えない有名人

・若林正恭／オードリー（芸人）　・志尊淳（俳優）　・井浦新（俳優）

・長澤まさみ（女優）　・松下奈緒（女優）　・堀北真希（元女優）

・滝川クリステル（タレント）　・しずちゃん／南海キャンディーズ（芸人）

〔Ⅲ 愛情の質と量、どちらを求めるのか〕

①鼻筋が細い――深く愛されたい

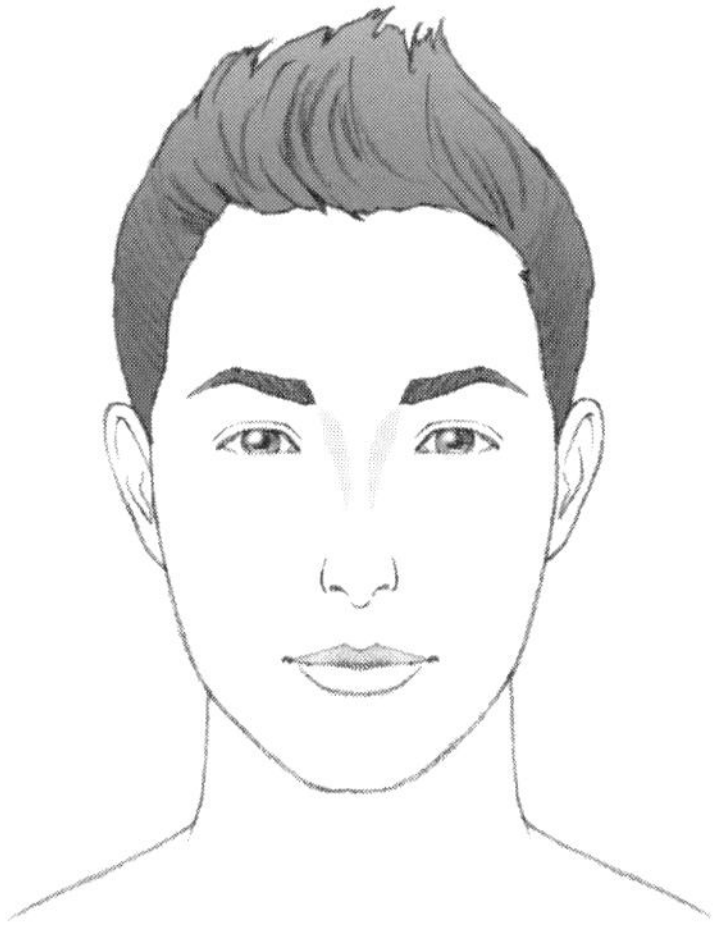

鼻筋は愛情に質を求めるのか、量を求めるのかを表しています。

鼻筋が細く、小鼻の肉付きが薄い人は、とても傷つきやすいタイプ。

愛情の質を求めるので、自分にとって最良の人からだけ深く愛されたいと願います。だから、男女問わず八方美人タイプの人は苦手です。

このタイプの人と仲良くなりたいと思ったら、「あなただけ」ということを言葉だけではなく、立ち居振る舞いや行動でも示して、相手にしっかりと伝えましょう。

②鼻筋が太い――広く愛されたい

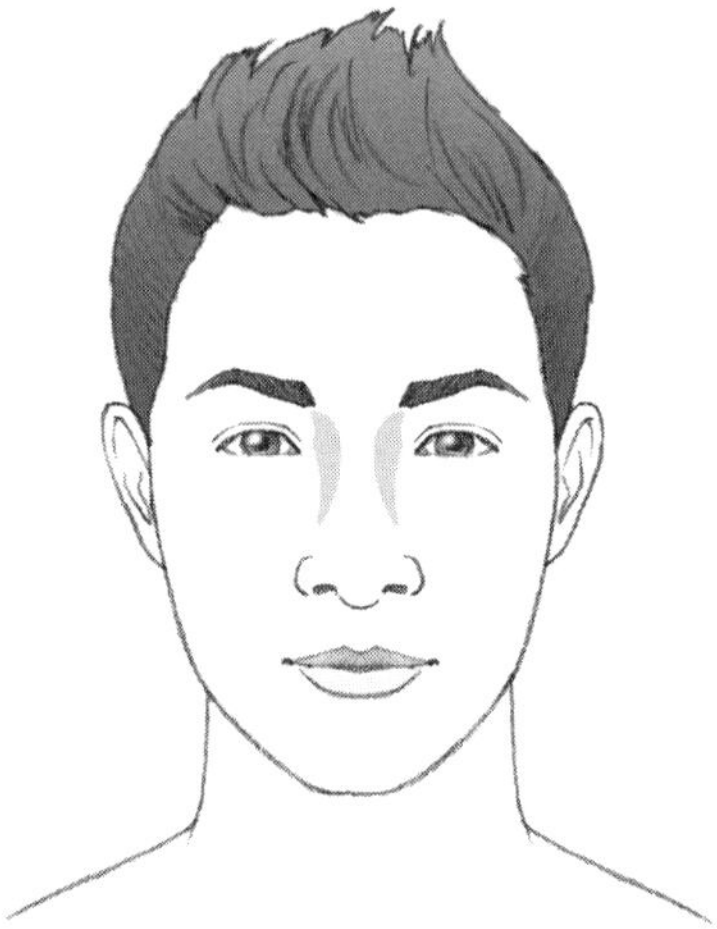

このタイプの人はコミュニケーション方法がダイナミック。

いろいろな人と交流したいと思うし、誰からも広く愛されたいと考えます。つまり、愛情の量を求めるタイプです。

こういう人を見ていると、つい、「浮気をしているんじゃ？」と疑いたくなるかもしれませんが、本人にとっては「みんな友達」という感覚なのです。

なお、小鼻がぽってりとしていてかぼちゃのような形の人は束縛が強いです。あなたが束縛されたくないのなら、こまめに連絡をしたり、「あなただけ」ということを伝えたりして、相手を安心させてあげましょう。

③鼻の穴が丸々としている——傷つきやすく、愛情欲求が強い

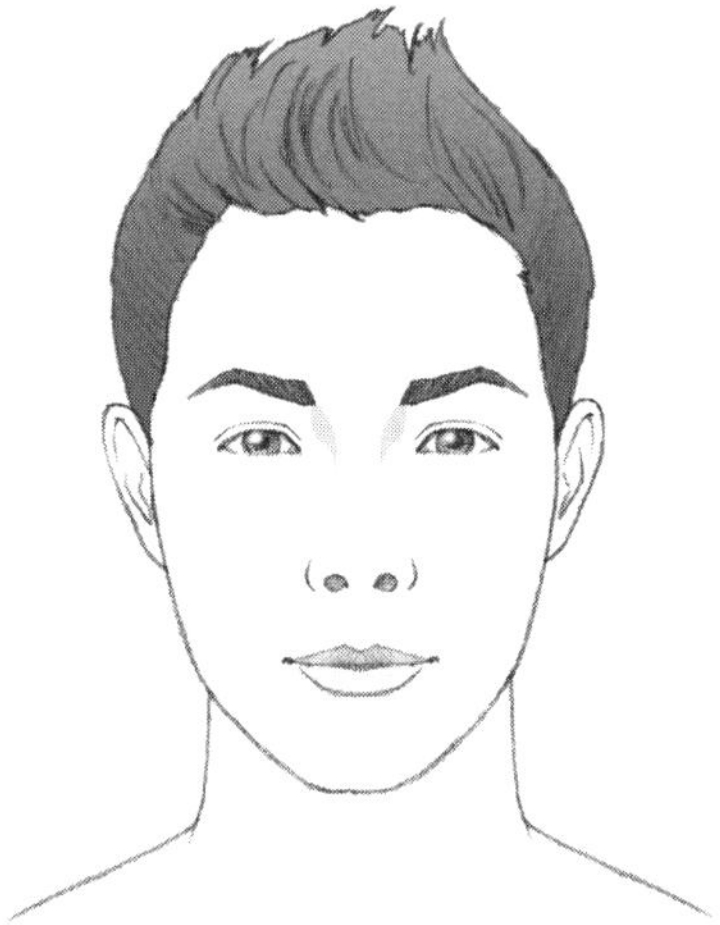

鼻の穴が丸い人は、傷つきやすく、とても繊細。たくさんの愛情を欲している赤ちゃんと同じなのです。

顔は笑っていても、心で泣いているということもあります。

「あなたのことはきちんとわかっているよ」「いつでも話をきくよ」ということを伝えて、安心させてあげましょう。心強く、頼られる存在になります。

④鼻の穴が三角形になっている――感受性が敏感、完璧主義

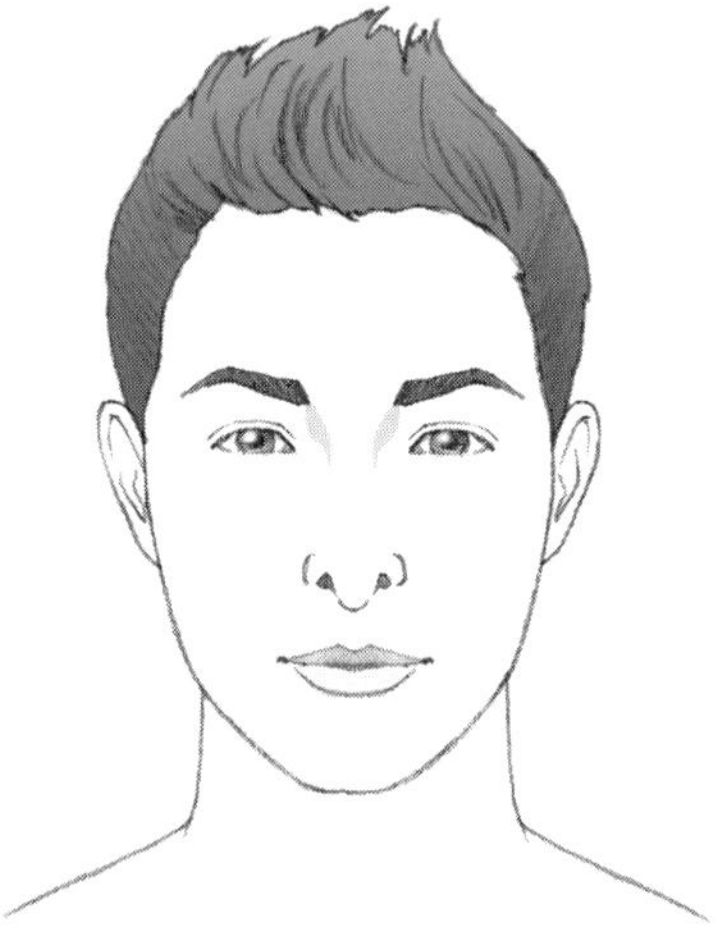

鼻の穴が三角形をしている人は、過敏なほどの感受性があります。

何に対しても敏感に反応するので、話しかける時は様子を見て、言葉を選ぶようにしましょう。

同時に、常に自分にとって一番のものを選びたいという思いがあるのです。

感じやすい一方で、自分で選びたいというこだわりもあるので、考えを押し付けることがないように気をつけてください。

頬――判断基準が「質」か「量」かがわかる

頬からは二つの特徴がわかります。

Ⅰ　深く愛されたいか、たくさん愛されたいか

Ⅱ　愛されたい欲求の度合い

まず、「頬」の肉付きの高さには、物事を選ぶ時に質を重視するのか量にこだわるのか、ということが表れています。つまり、「凝縮された深い愛情を欲する質重視タイプ」か、「いっぱいの愛情がほしい量重視の欲ばりタイプ」かがわかるのです。

そして、頬骨の大きさは、「愛してほしい！」「社会で成功してやる！」という愛情にしろ社会的にしろ、欲求の強さの表れです。

具体的に見ていきましょう。

〈Ⅰ深く愛されたいか、たくさん愛されたいか〉

①頬の肉付きの位置が高い

②頬の肉付きの位置が低い

〈Ⅱ愛されたい欲求の度合い〉

頬骨が大きい

〔Ⅰ 深く愛されたいか、たくさん愛されたいか〕

① 頬の肉付きの位置が高い――オンリーワンの愛を求める

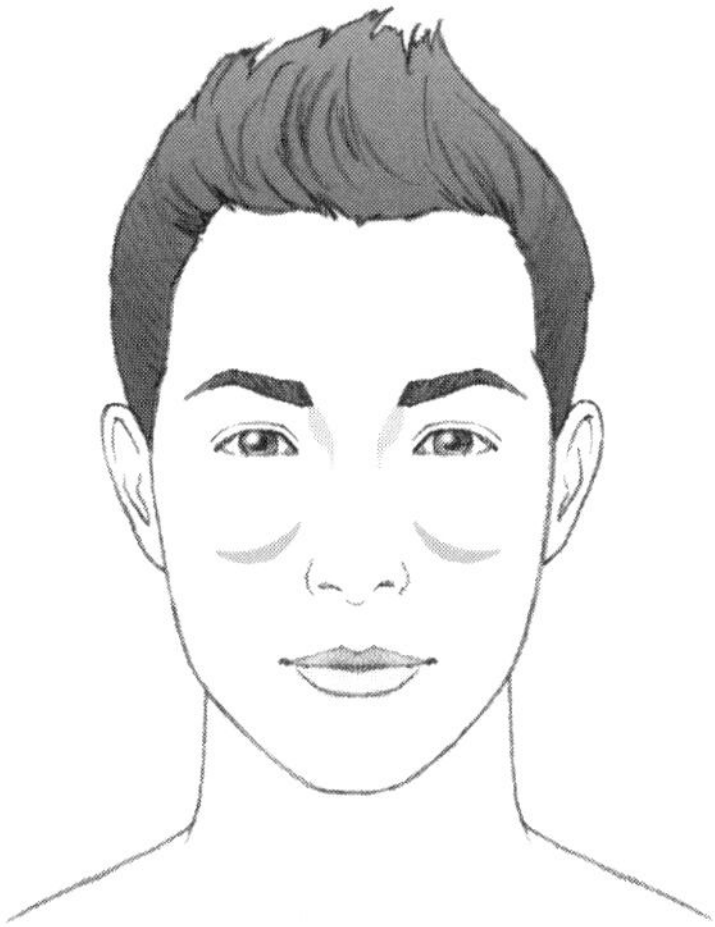

頬の肉付きの頂点の位置をみてみましょう。

高い位置に頬の肉付きがある人は、「質」を求めるので、「一人から愛されればいい」というタイプ。

この人は自分のことをどれだけ大切に思ってくれているかということを重視します。そのため、こちらに対する要望にもこだわりがあり、けっこう細かく希望を言ってくるかもしれません。面倒くさがらず、一つずつ聞いてあげましょう。

②頬の肉付きの位置が低い——たくさんの人からの愛を求める

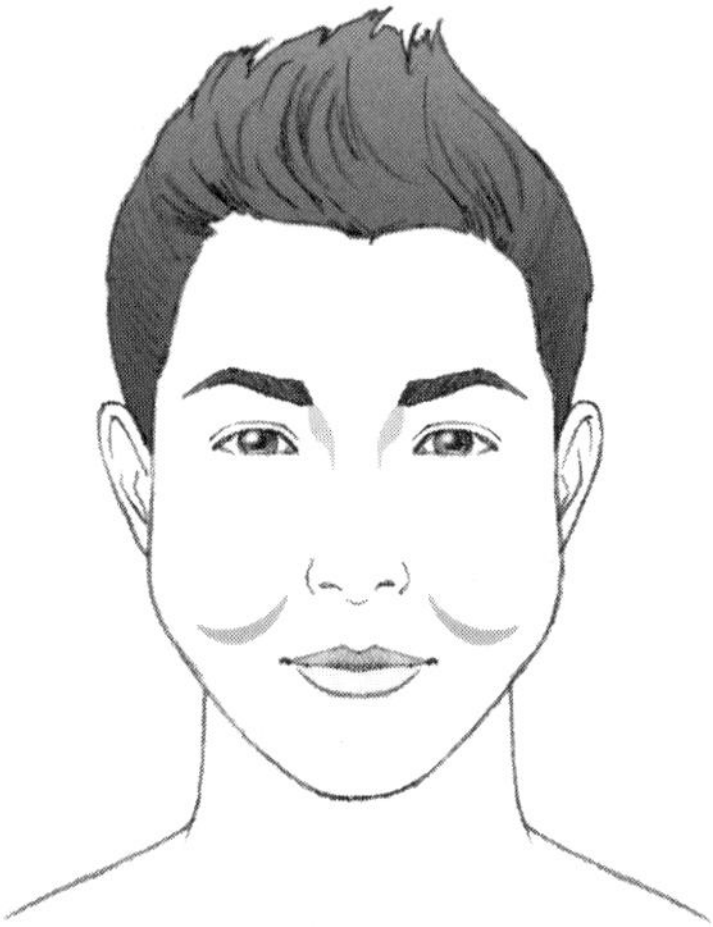

頬の位置が高い人とは逆で、コミュニケーションは質よりも量にこだわります。

つまり、たくさんの愛情を欲する人ですから、まずは多くの人からの愛情を欲しがります。その愛情のかけ方にこだわりはありません。

仲良くなるためには、あれこれ世話を焼いたり、話しかけたりすることから始めましょう。

一対一でのコミュニケーションの場合は、言葉や態度で示すなど、あらゆる手段を使ってたくさんの愛情を伝えることがポイントです。

〈Ⅱ 愛されたい欲求の度合い〉

頬骨が大きい――「愛して」欲求が強い・独占欲が強い

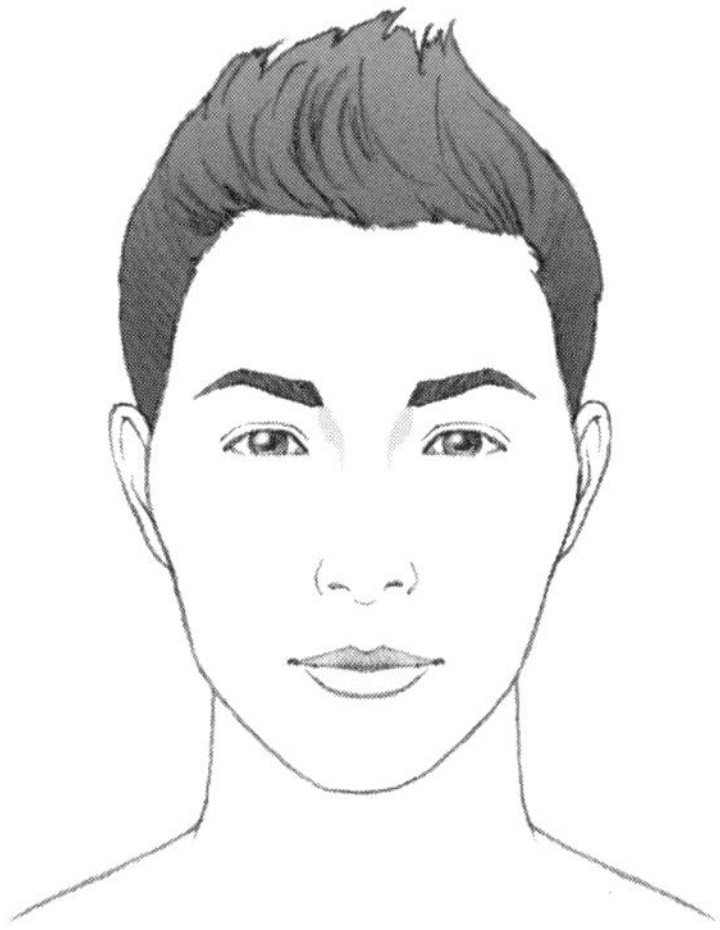

頬骨の大きさは「愛してほしい！」という欲求「社会的に成功したい！」欲求を表します。

頬骨が大きければ大きいほど「愛して」欲求もマックス！

あなた自身、独占欲が強いタイプなら、このタイプの人を選ぶとうまくいきます。ただ、度をすぎてしまうと、満足を知らないただの「かまってちゃん」になってしまうのでご注意。

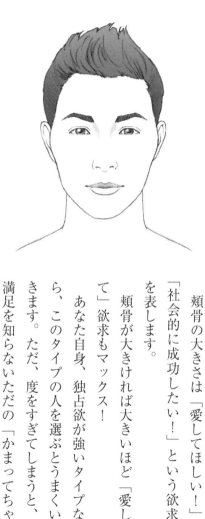

「成功してやる！」という勢いがある欲求は、何か目標を決めた時に強くなります。たとえば、「付き合う」「結婚する」「同棲する」など二人の目標が定まると、その実現に向けて大きな力を発揮します。

頬骨が大きい有名人

・明石家さんま（芸人）・柳楽優也（俳優）・林遣都（俳優）
・松たか子（女優）・草彅剛（俳優）・杏（女優）・柄本時生（俳優）
・小沢一敬／スピードワゴン（芸人）

耳——甘えたい？ 甘えられたい？ 独立心がわかる

「耳」は形や耳たぶの大きさなどではなく、正面から見た時に起き上がっているか、そうでないかによって判断します。

それを見ることで、独立心があるかどうかがわかります。

①正面から見て立ち上がっている

②正面から見て立ち上がっていない

①正面から見て立ち上がっている――独立心が強い

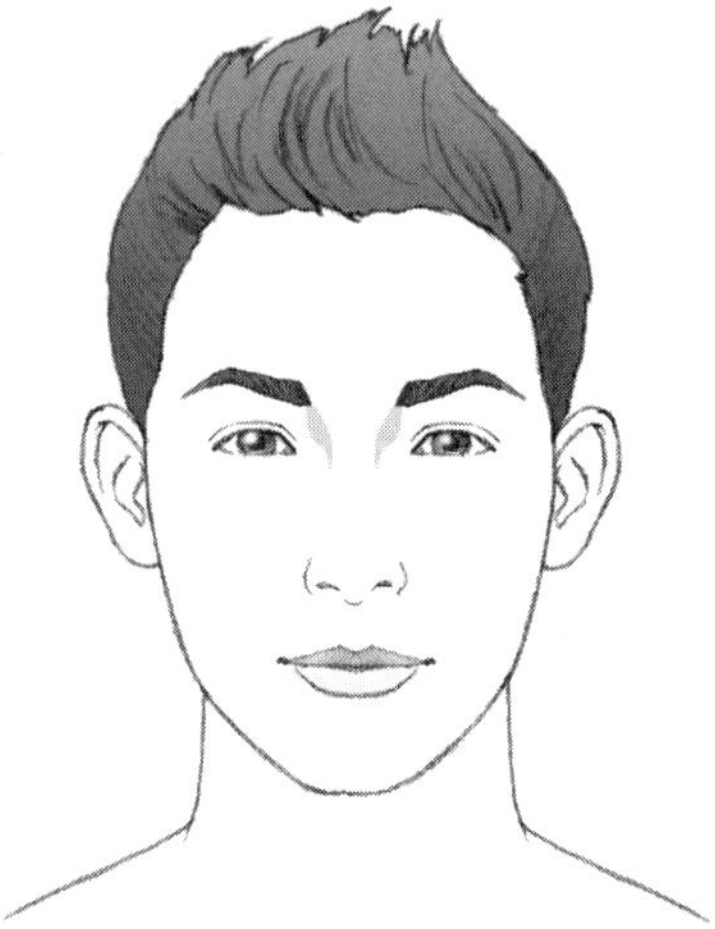

顔を正面から見た時に、耳の穴が見えるくらい立ち上がっている人がいます。

こういうタイプは独立心や自立心が強く、なんでも自分でやってやろうという姿勢の人です。

あまり人に依存することもありませんし、何かトラブルや困ったことが起きても、一人で物事に立ち向かいます。

こういうタイプの人は「俺がおまえをひっぱっていく！」と頼もしい一面があるので、安心して「頼りにしている」ということを伝えるとOK。その際、「俺のやりたいようにやるからついてこい」といった強引さもあることは覚悟しておきましょう。

耳が立ち上がっている有名人

・瑛太（俳優）・小栗旬（俳優）・岡田准一／V6（俳優）
・鈴木亮平（俳優）・菅田将暉（俳優）・佐藤健（俳優）
・イチロー（元プロ野球選手）・岡村隆史／ナインティナイン（芸人）
・浅田真央（プロスケーター）・中川翔子（タレント）
・前澤友作（実業家）

②正面から見て立ち上がっていない——協調性がある

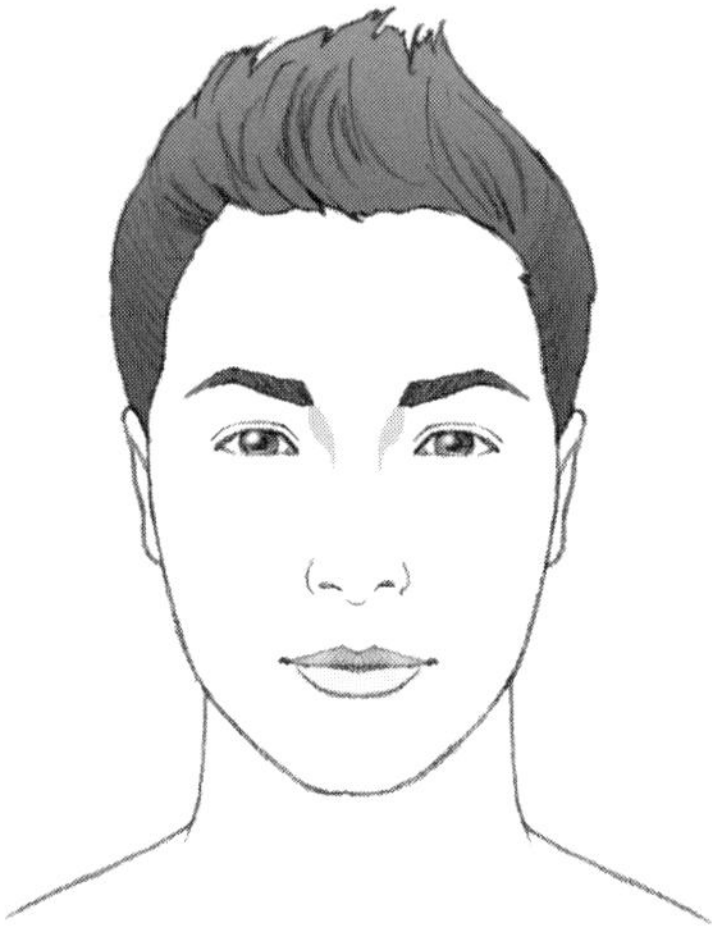

正面から見た時に耳が見えない場合は、独立心があまり強くありません。協調性があり、みんなと一緒に行動することが好きな人です。

あまり変化を好まず、現状に満足している時も、耳が顔にぴったりそうような形になっています。

その一方で、「まあ、いいか」と状況にまかせている場合も考えられます。耳が見えないくらいの人は自己主張が少なく、周りに合わせがちで、事なかれ主義に陥っている場合もあります。

角を立てずに、周りの意見を優先したいという部分があるので、本人の考えを判断することは難しいかもしれません。

ですので、みんなでワイワイするよりは、個人的に誘いましょう。その方が、彼もこちらに自分の思いを伝えやすいですし、あなたも相手のことがわかりやすいのです。

耳が立ち上がっていない有名人

- 峰竜太（タレント）
- 三村マサカズ／さまぁ〜ず（芸人）
- 小杉竜一／ブラックマヨネーズ（芸人）
- 渡辺徹（俳優）
- 豊原功輔（俳優）
- 小日向文世（俳優）

口――他者とのコミュニケーション方法がわかる

「口」は、いろいろなものが出入りする場所ですよね。

口の形を見ると、他者とのコミュニケーション方法やエネルギーを排出する方法、エネルギーの消費具合がわかります。

具体的には、どのように他者とコミュニケーションをとっていくのかを分析します。

また、その時の心の状態も分析することができるのです。

口からわかる特徴は四つ

Ⅰ 発する言葉は優しいか、直球か
Ⅱ 心の状態は前向きか、後ろ向きか
Ⅲ 自制心を示す
Ⅳ エネルギーの使い方

まず、注目するのは、唇と口角、そして、唇の閉じ具合です。
唇の厚さや口角の上がり下がりをチェックしてみてください。

〈Ⅰ 発する言葉が優しいか、直球か〉

①唇が厚い
②唇が薄い

〈Ⅱ 心の状態が前向きか、後ろ向きか〉

③口角が上がっている
④口角が下がっている

〈Ⅲ 自制心を示す〉

⑤唇が閉じている
⑥唇が開いている

〈Ⅳ エネルギーの使い方〉

⑦輪郭に対し口が大きい
⑧輪郭に対し口が小さい

〔I 発する言葉が優しいか、直球か〕

①唇が厚い――温厚で穏やか

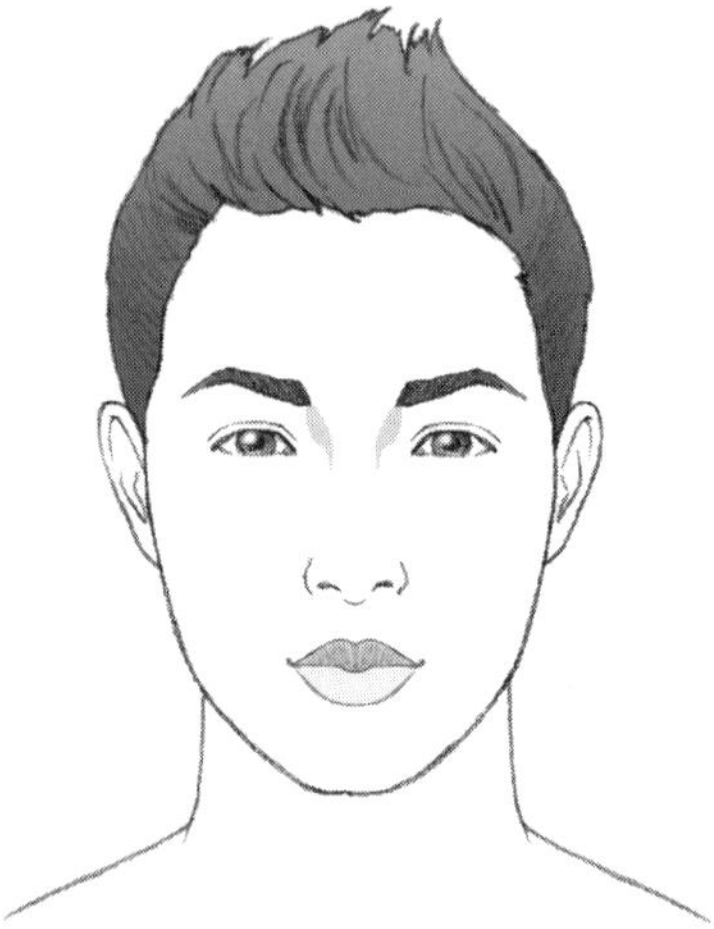

唇が厚い人は、見た目の印象どおり、温厚なタイプ。口調も穏やかなので、話していても安心するでしょう。

言葉の使い方がうまいので、思いやりのある言葉で励ましてくれる一方で、ほめ上手なだけという部分もあります。

基本的に優しい人ですが、それに甘えてこちらがストレートな言葉を投げつけると深く傷つけてしまいます。言葉を選びながら気持ちを伝えるようにしましょう。

唇が厚い有名人

・田中圭（俳優）・斎藤工（俳優）・福士蒼汰（俳優）・瀬戸康史（俳優）
・西島隆弘／AAA（歌手）・菅田将暉（俳優）・東出昌大（俳優）
・鈴木亮平（俳優）・平井堅（歌手）・石原さとみ（女優）
・渡辺直美（芸人）・水原希子（タレント）・上戸彩（女優）

②唇が薄い――悪気はないが、口調が冷たい

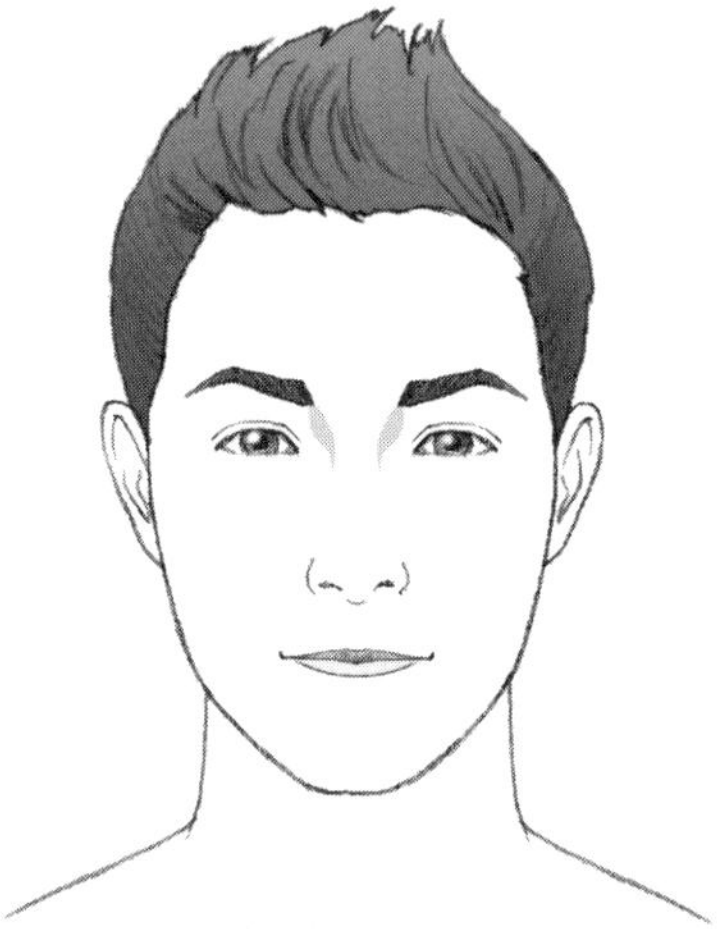

唇が薄い人は物事や出来事に対し、的確に指摘することができます。

ただ、正しいことを言ってはいても、口調がやや冷たいと感じてしまうかもしれません。でも、悪意があるわけでもないし、もちろん、あなたのことを嫌いというわけでもありません。

このことを理解しておくだけでも、コミュニケーションの仕方に広がりが出ます。

がっつりやりあおうとするとマウントの取り合いになりかねないので、主導権は相手に持たせた方がいいでしょう。

会話の中で、いつも明確な答えがほしい人にとっては、こういうタイプの相手との相性は良いです。

唇が薄い有名人

・藤原竜也（俳優）　・小池徹平（俳優）　・ビル・ゲイツ（実業家）
・前澤友作（実業家）　・小泉純一郎（元首相）　・小沢一郎（政治家）
・河野太郎（政治家）

〈Ⅱ 心の状態が前向きか、後ろ向きか〉

①口角が上がっている――ポジティブで、チャンスをつかみとる力がある

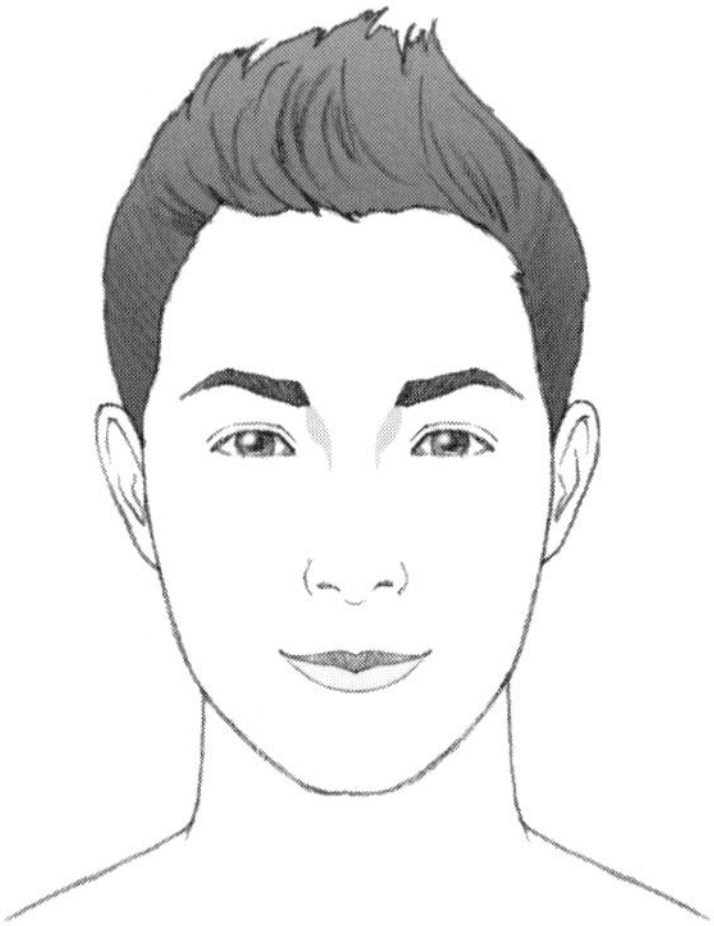

どこにも力を入れていないのに、口角があがっている人は、とても楽観的なタイプで、物事をポジティブに考える傾向があります。

ポジティブな考え方が身についているということで、常に目の前のチャンスをつかみとる行動力があります。

このタイプの男性は自分がポジティブな分、相手にも同じようなポジティブさを求めるので、ニコニコと元気な笑顔を相手に印象づけるようにしましょう。なおセルフチェックをして意識的に口角を上げるようにすると、快活さを演出す

ることもできますし、自分の考え方もポジティブな方向に変えやすくなります。

②口角が下がっている――ネガティブで、心身ともに疲れ気味

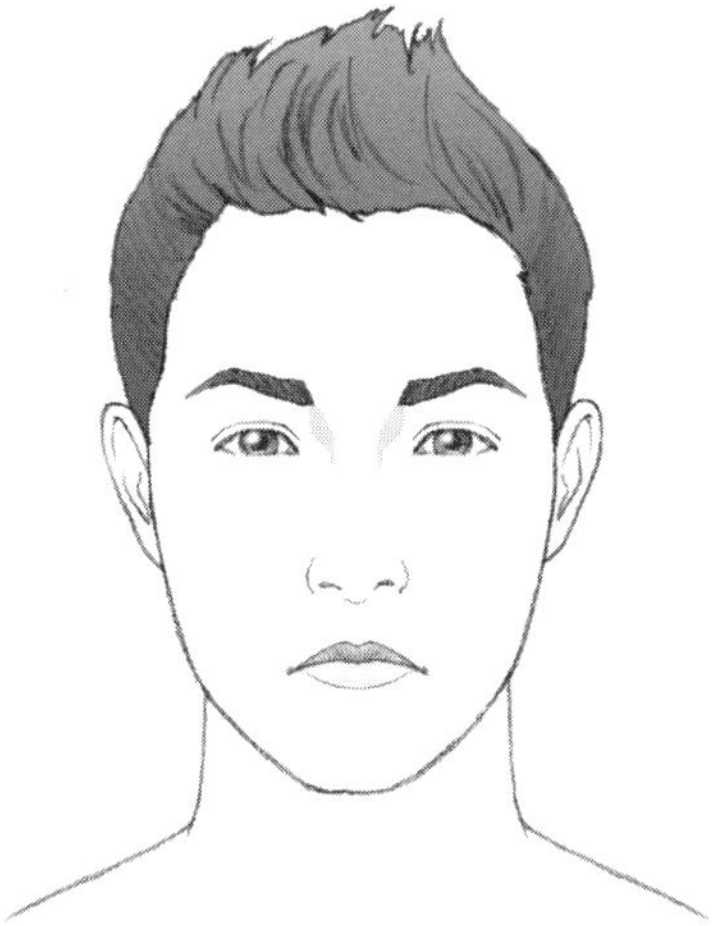

口の端が下がっているのは、とても悲観的になっている時。何を言っても「でも……」「だって……」が多くなって、ネガティブに捉えてしまいます。

このような状態の相手に対し、強く説教をしたり、冷たい言葉を投げつけたりしてはダメ。

母性を持って励ましたり、優しくアドバイスをしたりしましょう。

人の言葉を聞き入れる状態でない時でもあるので、逆に気持ちを吐き出させてあげると、心を開け、信頼できる女性と思ってもらえるでしょう。

〔Ⅲ 自制心を示す〕

① 唇が閉じている――自制心が強い

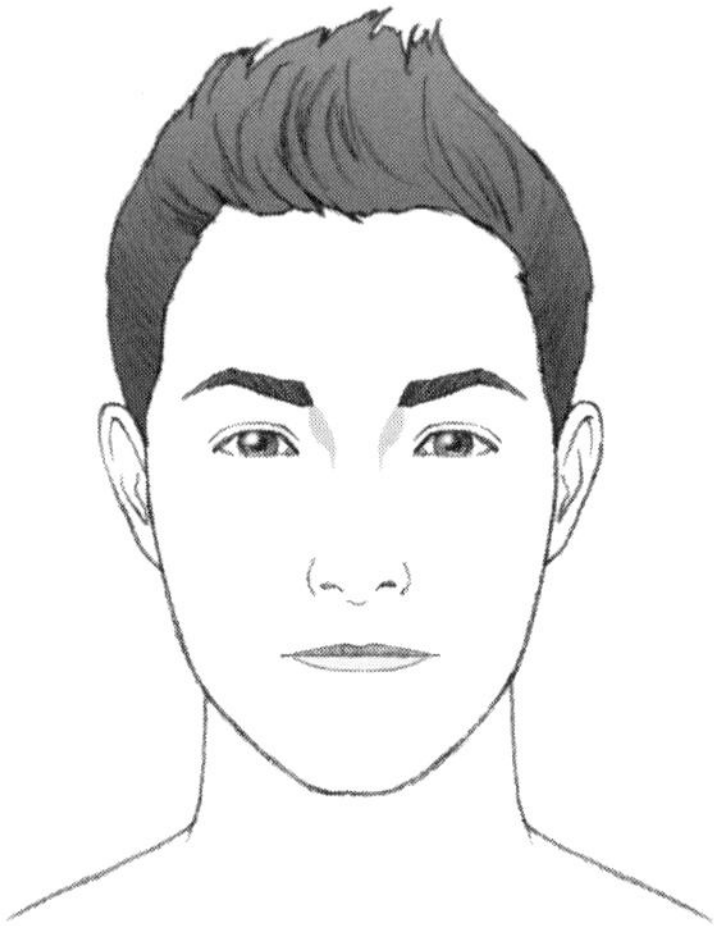

自然にしていても、唇がぴったり閉じているタイプは、しっかりと自制のできる人。誘惑に負けることもないので、ギャンブルなどにはまりすぎてしまうこともないでしょう。

ただ、その反面、自分を制御しすぎてしまい、何か行動しようとする時にストップをかけて、踏み出せないこともあります。

あなたがそっと背中を押すような助言をしてあげると、仲が進展するでしょう。

②唇が開いている——自制心は弱いが、相手には寛容

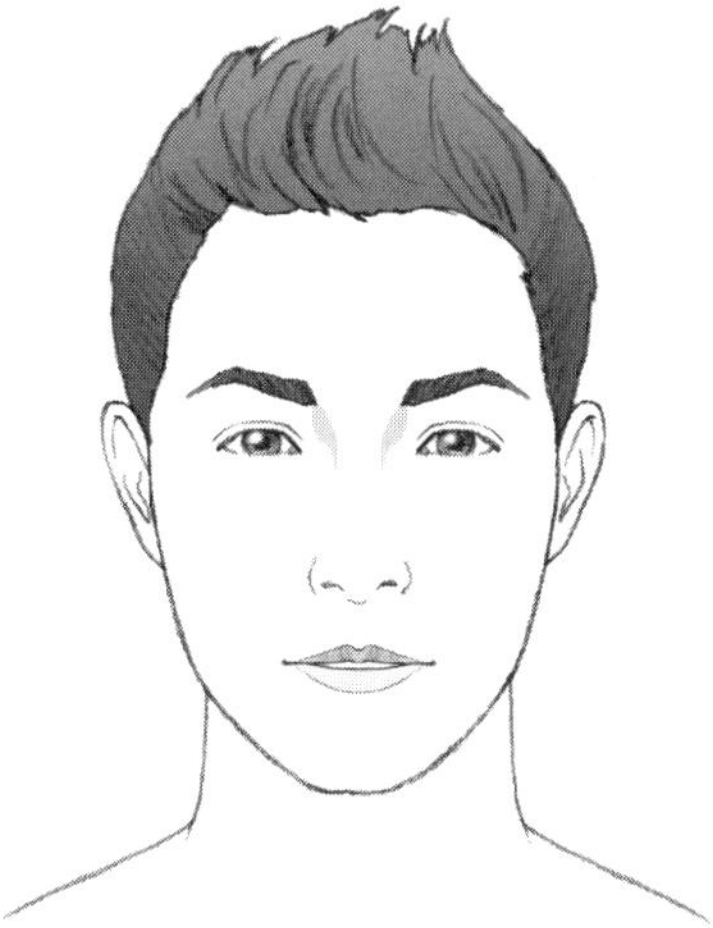

唇がいつもなんとなく開いている人、いますよね？

こういう人は自制心が弱い傾向にあります。

ただ、自分にダメ出しをするのは苦手ですが、程よく開いているなら相手を寛容に受け入れるという表れにもなります。

相手の気持ちを受け入れる姿勢はあるので、悩み事を相談したり、打ち明け話をしたり、時にはきびしく助言できる存在になれると、ぐっと二人の距離が縮まります。

〈Ⅳ エネルギーの使い方〉

① 輪郭に対し口が大きい――行動的でエネルギッシュ

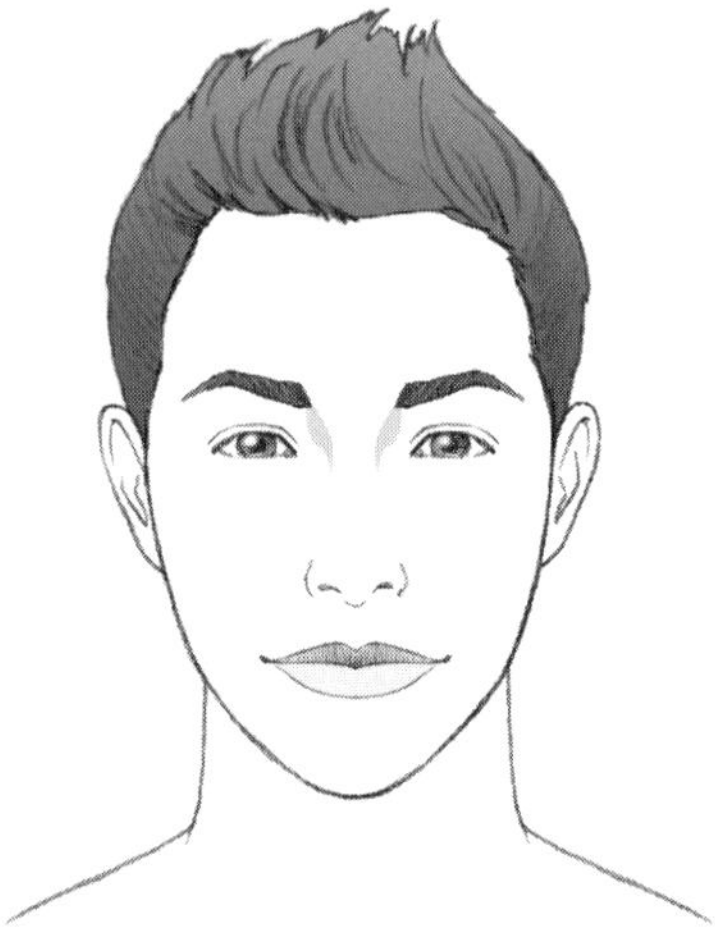

輪郭と口のバランスを見た時に、口が印象的なタイプは、行動的でとてもエネルギッシュな人。活動的で友達も多いです。

ただ、口が大きければ大きいほど、エネルギーを必要以上に使ってしまうことも。結果として、体力やお金も同じように浪費してしまう傾向があります、輪郭が細い人はもともと体力もない傾向にあるため、途中でエネルギーが切れ、「疲れちゃった」と、突然機嫌が悪くなることも。

また無理矢理にでも都合をつけてたくさんの人に付き合ったり、誰に対しても気前よくごちそうしてしまったりということもあるので、あなたがコントロールしてあげないと、相手はお金もエネルギーもどんどん浪費してしまいます。

輪郭に対し口が大きい有名人

・斉藤洋介（俳優）・森泉（モデル）・ジュリア・ロバーツ（女優）
・アン・ハサウェイ（女優）・水原希子（タレント）
・滝沢カレン（タレント）

②輪郭に対し口が小さい――持久力はあるが、ストレスをためがち

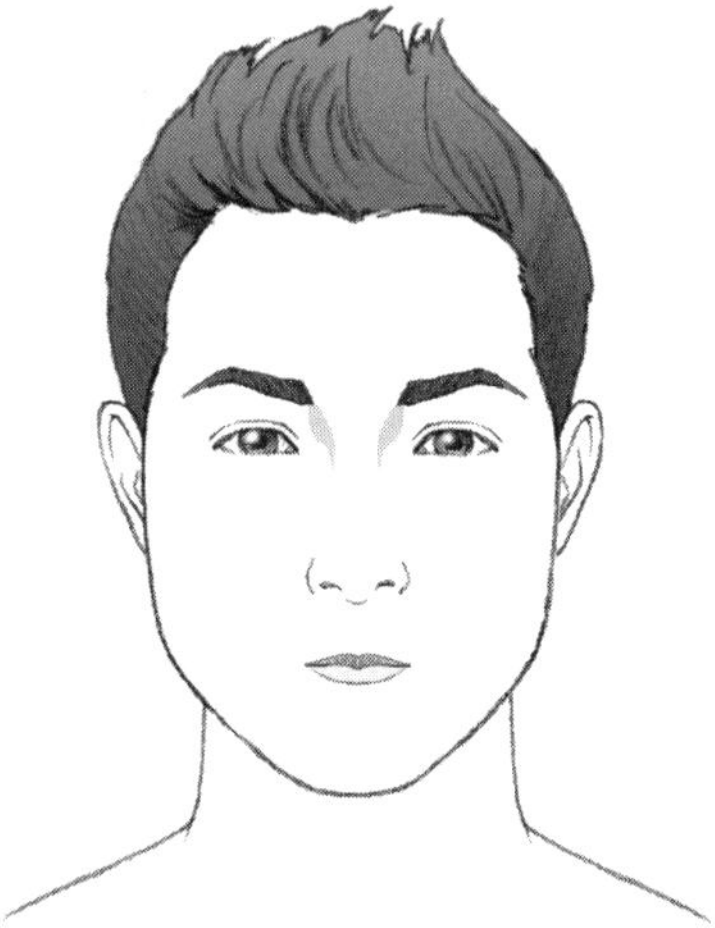

輪郭に対して、口が小さい人は、エネルギーを少しずつ出すタイプ。つまり、体力も使いすぎることがないため、持久力があります。反面、何も言えずにストレスをためてしまいやすい傾向があります。浪費タイプではないので、家計を支える相手としてはぴったりです。

輪郭に対し口が小さい有名人

・山田孝之（俳優）・熊川哲也（バレエダンサー）・前田敦子（女優）
・吉高由里子（女優）・有吉弘行（芸人）・三木谷浩史（実業家）
・北島康介（元水泳選手）・レオナルド・ディカプリオ（俳優）

あご先 ――野心の大きさと実現力がわかる

あご先というのは野心を表します。

しかも、それを実現するために、自分一人で立ち向かうのか、他の後ろ盾となる人物が必要なのか、あご先の形によって変わってきます。

①あご先が平らで横から見て出ている ――野心があり、それを実現する力がある

まず、あご先がとがっていなくて平らな人というのは、野心があり、自分にも自信があります。

しかも、横から見た際、眉頭の位置と比べて前に出ている場合は、自らの手でその野心や理想を実現する力もあります。ただ、時に強引に思えるほど、自分の意見

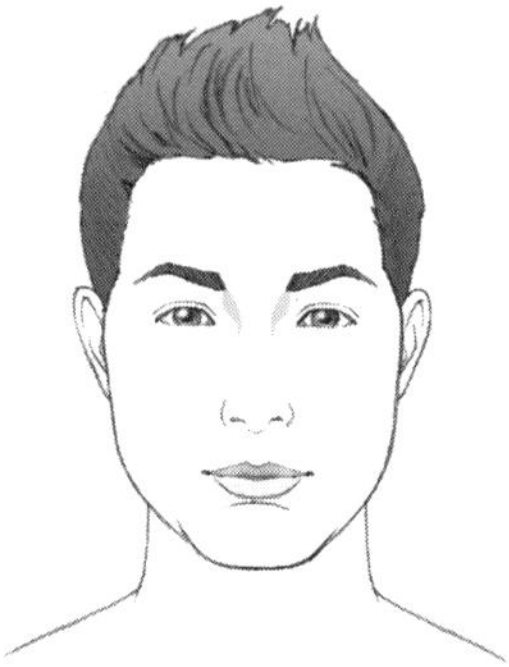

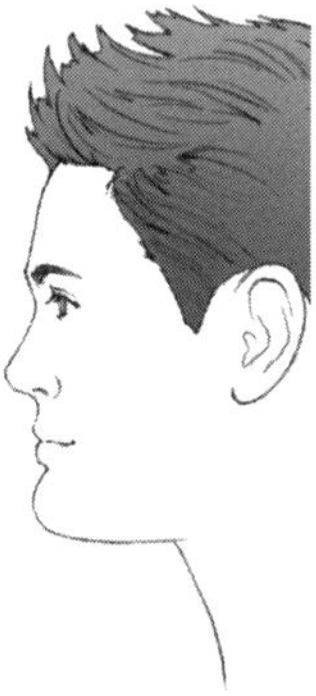

を相手に押し付けてしまうこともあります。
　とはいえ、聞く耳を持たないわけではないので、わかりあいたい場合は、しっかりと気持ちを伝えると、力強くひっぱっていってくれます。
　目標を掲げたら、何があっても実現するという強い実現力の持ち主なので、生きる力が強いとも言えます。

あごが先が平らで横から見て出ている有名人

・桐谷健太（俳優）　・綾瀬はるか（女優）　・水卜麻美（アナウンサー）
・小栗旬（俳優）　・有田哲平／くりぃむしちゅー（芸人）
・小泉進次郎（政治家）　・麻生太郎（政治家）　・ビル・ゲイツ（実業家）

②あご先が平らで横から見て後退している
――野心はあるが、実現には誰かの助けが必要

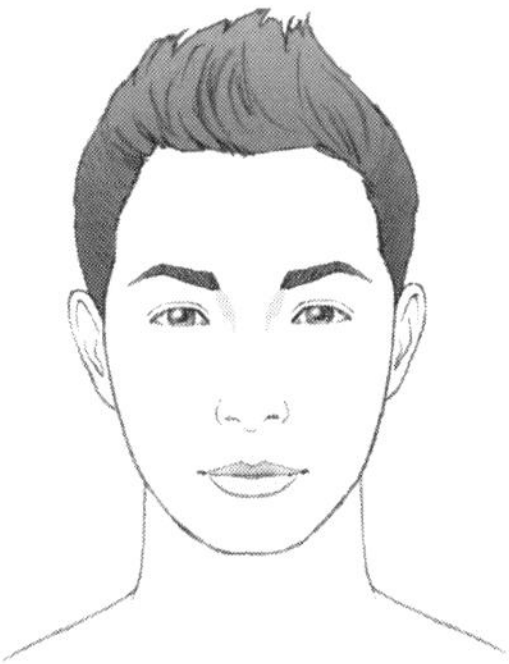

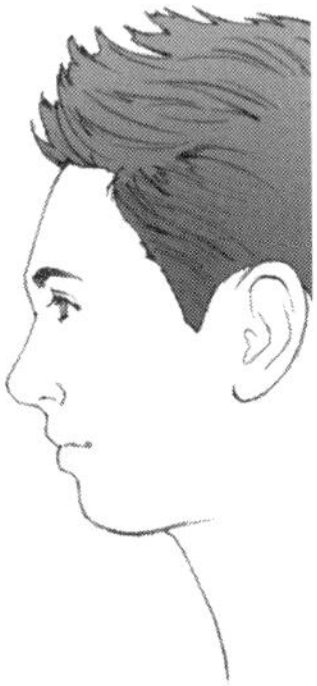

あご先が平らということで野心がありますが、さらに、横から見た時に眉頭から垂直に引いた線よりあごが後退している人がいます。

このタイプの人は野心を実現するためには社会的な後ろ盾や、誰かの存在を必要とします。つまり、何かを成し遂げようとする時には、後ろ盾になるようなネームバリューのある会社に所属したり、ビジネスパートナーが必要だったりするということです。

このタイプは、後ろ盾があるという安心感さえあれば自分で実現する力は持って

いるので、あなたが後ろ盾となってさりげないフォローやサポートをしてあげるといいパートナーになれます。

あご先が平らで横から見て後退している有名人

・千葉雄大（俳優）　・市川海老蔵（歌舞伎役者）　・武井咲（女優）

③あご先が尖っている――野心はなく、あまり自分に自信がない

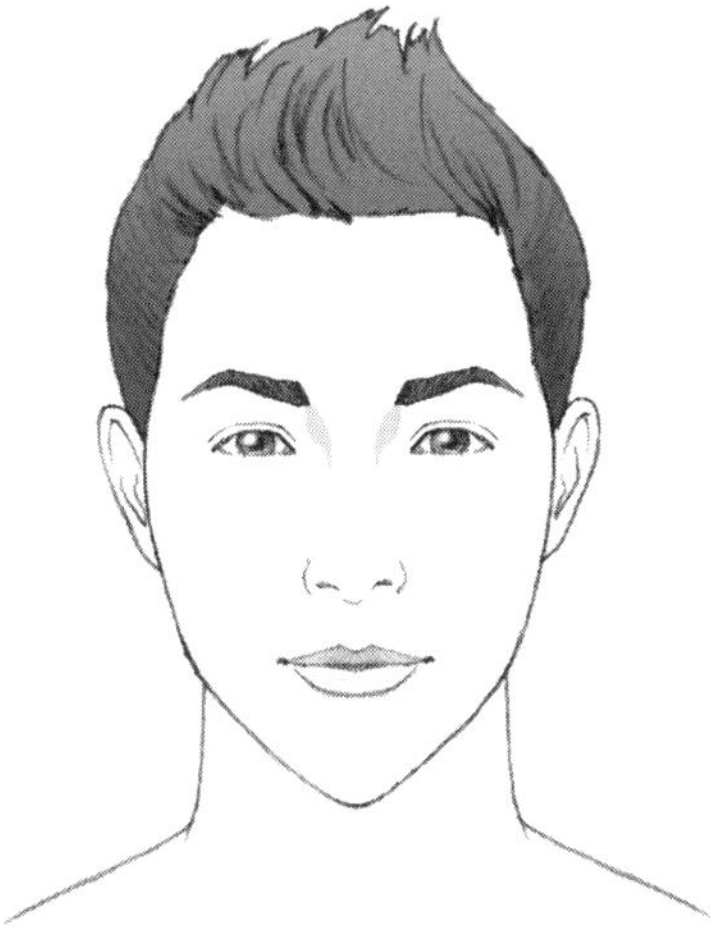

正面から見た時に、逆三角形のようなあごの形をしている人は、あまり自分に自信がありません。

したがって、自発的に何か行動を起こすことはなかなかできないのです。また他人を信用することも難しいので、まずは何があっても自分はあなたの味方という信頼関係を構築することが何よりも大切。

こういう人と結婚する場合は、あなたがリードする形で一緒に目標設定などして、共に頑張りながら相手の自信や自分への信頼を育むとよいでしょう。

なおこのタイプの人は、そもそも野心がないので、野心の実現力を表す、横から見て眉頭から下ろした線より出ている、または後退しているなどの判断はしません。

あご先が尖っている有名人

・早乙女光／Ｈｅｙ！Ｓａｙ！ＪＵＭＰ（タレント）　・小泉今日子（女優）
・安室奈美恵（元歌手）　・板野友美（元ＡＫＢ・タレント）
・観月ありさ（女優）

4章

〈顔の輪郭〉でコミュケーションのとり方がわかる

「みんな時間」を大切にするタイプか「自分時間」を大切にするタイプかが輪郭でわかる

これまでお話ししてきたなかで、だいぶ相手の性格や行動パターンがつかめてきたのではないでしょうか。こういう相手にはこんな対応をすればいいということもお伝えしてきているので、あなたもアプローチの仕方に自信がついてきたことと思います。

さて、次にこの章では「人とのコミュニケーションをどのようにとるか」ということがわかる輪郭について、ご説明していきます。

輪郭も「ゾーン」や「パーツ」と同じように、パッと見た時の印象で判断するようにしてくださいね。

「輪郭」というのは、顔の外側を形作っている線のことを指します。つまり、おおまかな顔の形のことで、それは、額や頬骨、あごなどの骨格によって形作られているものです。

輪郭の形は成長期を超えると、劇的に変わることはありません。

ですので、輪郭はその人の性格のアウトラインや人間性のベースになっているとも言えます。

相貌心理学では、人間の顔の輪郭を真四角や丸型の「ディラテ」タイプ、長方形や楕円形の「レトラクテ」タイプの二つに分けています。

輪郭が大きくどっしりとした真四角や丸型の「ディラテ」の人は、体力があり、エネルギーが豊富なので、いろいろな人とコミュニケーションをとることを好み、「みんな時間」を優先にします。

たとえば、温暖な国の人は輪郭が大きいですよね。これは、気候のよさから、お祭りや集会、人とのコミュニケーションが盛んに行われ、集団生活や集団行動という大人数での生活様式が顔に反映されているからと考えられます。

また、食料も豊富で、生きるのに適した環境が整っていることが、相手を選ぶ必要もなく、みんなと盛んにコミュニケーションをとる機会につながっているのです。

一方で、長方形や楕円形などほっそりした「レトラクテ」の人は、もともとの体力が少なめなので、無駄なエネルギーを使いません。ですので、「自分時間」を大事にし、限られた人とのコミュニケーションを好みます。

温暖な国の人と対照的に、寒い国の人は輪郭が細いイメージがありませんか？　寒冷地域は、風雪などがあるため孤立した生活を強いられ、集団生活というよりは単独での生活様式が主流です。

この生活様式が反映された輪郭と考えられます。

また食料も少なく、生きながらえる術を常に選択しなければなりません。ですから、温暖な国と比べると、他者とのコミュニケーションも自分にとって必要なものだけを選び、体力の消費を最小限に制限して、「自分」を守らねばならないのです。

こういった特徴から、輪郭で、人とのコミュニケーションの取り方がわかるのです。

「ディラテ」（真四角・丸型）の輪郭 ――「みんな時間」を大切にするタイプ

輪郭が大きく、どっしりとした型の人を相貌心理学用語で「ディラテ」といいます。

形で言うと、まん丸や真四角。大きさよりも、形としてがっしりしているかどうかです。

パッと見た時に、「四角いな、まん丸だな、がっしりしているな」という印象があったら、その顔はディラテです。

このタイプの人はコミュニケーション欲求が強く、人と交流するためのエネルギーも体力もたくさんあります。ですので、社会や他者との接点を持つこと、広げていくことが大好き。ひとりや少人数で過ごすよりも、大勢の人とわいわい過ごしている時間を楽しいと思うタイプです。社交的なので、友人や知人も多いでしょう。

ただ、このタイプの人は誰とでもコミュニケーションを取れるがゆえに、一人一人の関係はそこまで深くありません。他人との関係はどちらかといえば、広く浅くなりがちで、コミュニケーションの高さも、見方を変えれば八方美人となることも。

ディラテに効果的！ アプローチ術

◎共通の話題を見つけて話す機会を増やそう

ディラテの人は基本的に意識が外に向いています。
コミュニケーションの取り方も上手なので、最初にアプローチする時に壁は高くありませんし、ある程度ならば、仲良くなるのもそんなに難しくありません。話しかければ、すぐに受け入れてくれるのです。それが、その人の好きなものや興味のあることであれば、さらに乗ってきます。

話が合ってどんどん仲良くなっているように感じるかもしれませんが、相手はコミュニケーションを取るのが好きで、一緒に盛り上がっているだけということも。つまり、純粋に話を楽しんでいるだけで、他の人に対しても同じ態度をとっている場合もあります。

ですから、お互いの気持ちを確認せずにいい関係になったつもりでいても、「え？ そんなつもり一ミリもなかったけど？」などとなりがちです。

仲のいい友達で終わらせないためには、まず、共通の趣味を見つけて、話す機会を増やしましょう。そして、その場のノリだけでなく、思っていることを言葉で伝えるようにしてみてください。一歩踏み込んで本質的な話をするようになれば、アドバンテージがとれます。

◎初めてのデートは複数で

人と打ち解けることが得意なディラテの人。

友人だけでなく、恋愛相手を選ぶ時も、「なんとなく」や「一緒にいても気にならない」といった漠然とした理由が多くなります。よって、話しているうちに「いつのまにか」恋愛をしていたということも多いのです。

このタイプの人を初めてのデートに誘う場合は、一対一だと逆にハードルを上げてしまいます。

まずは、数人での飲み会やグループで遊びにいく計画を立てて、そこに誘うのがベストです。

◎「私だけを見て」はNG

多くの人とコミュニケーションを取るのが大好きながっしり型の人ですから、自分のことよりも人付き合いを大切にします。

もともとのエネルギー量があるので、自分のための時間を使っても、人のために走り回れる時間もあるのです。

もしかしたら、あなたと一緒にプライベートな時間を過ごしていても、友達のために駆けつけたり、仕事で困っている人を助けようとしたりということもあるかもしれません。

そんな彼に「私と友達、どっちが大事なの？」とか「私との時間を大切にして」と束縛するようなことを言って迫ってしまうと、「オイオイ……」と逆に引かれてしまいます。

もし、他のことを優先させるようなことがあったら、笑顔で受け入れつつ、「寂しい」とか「用事が終わったあと会いたい」など素直な気持ちを伝えてください。

相手も孤独に弱い寂しがり屋さん、あなたの寂しい気持ちは人一倍、理解してくれるはずです。

ディラテの有名人

・山田孝之（俳優）　・向井理（俳優）　・高良健吾（俳優）
・藤原竜也（俳優）　・三浦大知（歌手）　・星野源（歌手・俳優）
・菅義偉（政治家）　・レオナルド・ディカプリオ（俳優）
・土屋太鳳（女優）　・有村架純（女優）　・光浦靖子／オアシズ（芸人）
・有働由美子（フリー・アナウンサー）　・孫正義（実業家）
・夏川りみ（歌手）　・さかなクン（魚類学者・タレント）

「レトラクテ」（長方形・楕円形）の輪郭
――「自分時間」を大切にするタイプ

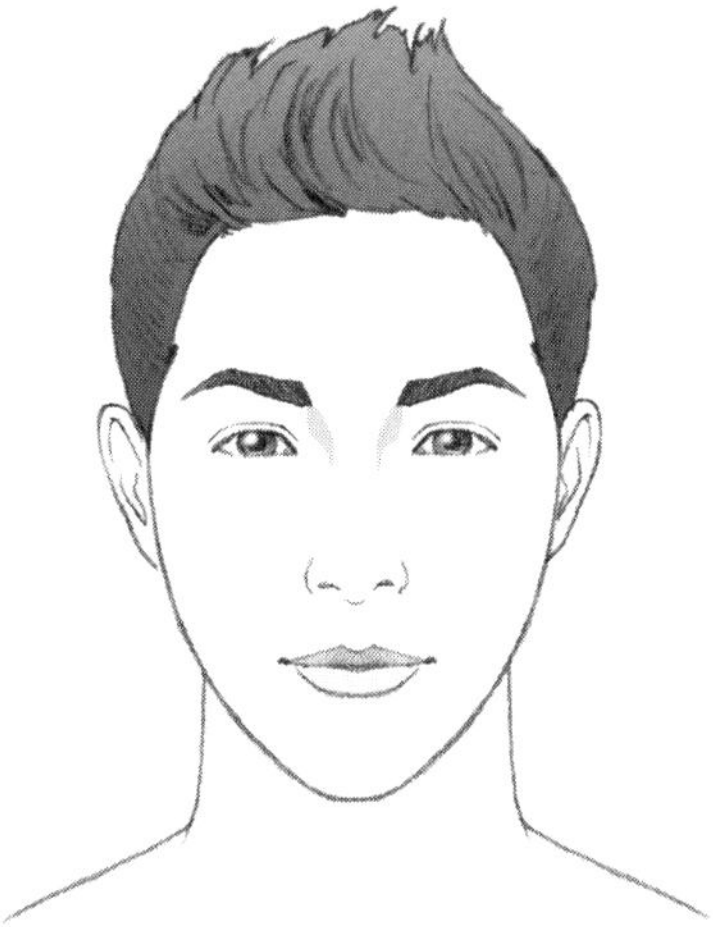

輪郭がほっそりしていて、長方形や楕円形に近い顔型をしている人を「レトラクテ」といいます。

このタイプは、コミュニケーションを取る相手は選びに選ぶ傾向があります。

それは、もともとの体力が少なめの分、無駄なエネルギーは使えず、人間関係で生じるストレスなどでエネルギーを消耗することを防ぎたいのです。

そのため、自分に不快感を与えない相手かどうかが重要になります。

こうして選んだ相手とは一度仲良くなったら、とことん深い関係を結びたがります。基本的にみんなでワイワイガヤガヤの飲み会をするよりも一対一でしっぽりが好き。もし複数人の場合でも、彼のお気に入りの人をチョイスしないと楽しんでくれません。それどころか「わかってくれてないな」と感じられて、シャットダウンされる可能性も。

無駄にエネルギーが使えないので、限界を感じる前に「これ以上は無理！」と線引きをして、自己防衛をする傾向にあります。

レトラクテに効果的！アプローチ術

◎フリートークから相手の興味を探ろう

このタイプの人は、コミュニケーションしたい相手を自分で選びます。「広く浅く」というよりは「狭く深く」。

じっくりタイプなので、いきなり距離を縮めようと、あれこれ聞いたり、いろいろ誘ってみたりしても逆効果です。

敏感で繊細、警戒心が強いところもあるので、ズカズカと土足で踏みこむようなことはしない方がいいでしょう。

相手についてまったく知らない状況なら、あたりさわりのない話、たとえば、最近の天気、流行しているものや芸能の話など、その中で食いついてきた話題を広げていくのが得策。まずは相手の興味のあるものを探しましょう。

いきなりプライベートな質問をしたりなれなれしい言葉を使ったりすると、とたんに心を閉ざされてしまいますので、ご注意あれ。

◎体力が少ないからアレもコレもはダメ

「レトラクテ」の人は選択の欲求が強く、他人に左右されることもなく、自分をしっかりと持っています。

それはもともとのエネルギーが少ないので、無駄なエネルギーが使えず、あれもこれもできないからです。選択をする時はしっかりとした目的を定めます。

このタイプの人と何か一緒にしたいと思ったら、まず、相手の希望を聞きましょう。それに対して、あなたは計画を立てたり、楽しみをプラスするような何かを提案したりするとよいでしょう。

◎仲良くなりたかったら、まずは適度な距離感で

あまり社交的とはいえない「レトラクテ」タイプ。

周囲の評判や噂に惑わされることもなければ、余計な人間関係に巻き込まれることもありません。一人でいても寂しさを感じることが少ないので、単独で行動しがちです。

こういったタイプの相手は、自分の世界観を邪魔しない、一緒にいて疲れない人を好みます。

まず、仲良くなりたいと思ったら、お互いの距離感を大切に、「自分は自分」「相手は相手」と適度な距離を保ちましょう。

この人は自分のことをわかってくれると思ったら、深く付き合えるようになりま

すよ。

レトラクテの有名人

・竹内涼真（俳優）・松坂桃李（俳優）・玉木宏（俳優）
・ディーン・フジオカ（俳優）・阿部寛（俳優）・高畑充希（女優）
・黒木華（女優）・菜々緒（女優）・そのまんま東（タレント）
・藤井聡太（プロ棋士）・小泉進次郎（政治家）

ディラテとレトラクテの行動傾向

ディラテの人とレトラクテの人が、同じ物事に対してどのような考え方をするかということを比較してみました。

次ページの表で、その違いをチェックしてみてください。

	ディラテ	レトラクテ
彼女の選び方	交友関係が広いため、彼女は人からの紹介で決めることが多い。選ぶ理由は「なんとなく」。	彼女は自分で選び取る。人から紹介された相手を選ぶくらいなら、一人でいたほうがいい。選ぶ時には明確な理由がある。
ランチ	ワイワイガヤガヤと仕事のチームメンバーなどで、みんなで楽しく食べるのがいい。	決まった同僚と少人数で食べることが多い。
旅行	大勢でのグループ旅行が大好き。	気の知れた親友との個人旅行が好き。
誕生日プレゼント	彼女に一度贈ったぬいぐるみを喜んでくれた場合、毎回、同じものを贈る。	彼女のその時々で欲しいものをプレゼントする。
アフター5	家族や毎日の習慣を大事にするので、仕事が終われば自宅に直行し、家族で夕食をとる。	自分時間を優先するので、仕事帰りは趣味のジムへ直行。その後、気楽に一人で外食をする。

5章

「肉付き」でわかる寛容性
「非対称」でわかる未来志向度

人生の充実度がわかる

顔のゾーンやパーツに加え、輪郭が示す意味を知り、総合的に見ると、ぼんやりしていたその人の人間性が、よりはっきりくっきりしてくるのではないでしょうか。

ここからは応用編、「肉付き」と「肉付きのハリ」そして顔の「非対称」についてご説明していきます。

「肉付き」「肉付きのハリ」そして「顔の非対称」は、輪郭と違い、日々変化する部分でもあるので、「今の人生が充実しているかどうか」がわかります。

相手の意識が「現在」と「過去」のどちらに向いているかなどがわかるので必見ですよ。

肉付き ――環境や他者に対しての寛容性・順応性がわかる

肉付きというのは、環境や他者からの刺激を感じ取る「感受性」を覆うカバーのようなものです。ですので、そのカバーがなければ感受性に刺激が直接当たり、その影響を強く受けるという事になります。

①肉付きが豊か
②肉付きがうすい
③肉付きがボコボコ（複雑なかたち）

肉付きが豊富か、うすいかということからは、次のようなことがわかります。

Ⅰ 順応性

Ⅱ 社交性
Ⅲ 環境や他者に対する寛容性
Ⅳ 環境や他者に対する神経質さ

ちなみに肉付きが豊かというのは「太っている」のとは違います。正面から見て肉付きがありそうでも、横からみたら平坦ということもあります。逆に痩せていて正面から見ると肉付きがうすそうでも、横からみたら盛り上がっていることもあります。その場合は横から見た時の頬の肉付きの盛り上がり方に注目しましょう。

①肉付きが豊か――社交性があるが、ガサツに見えることも

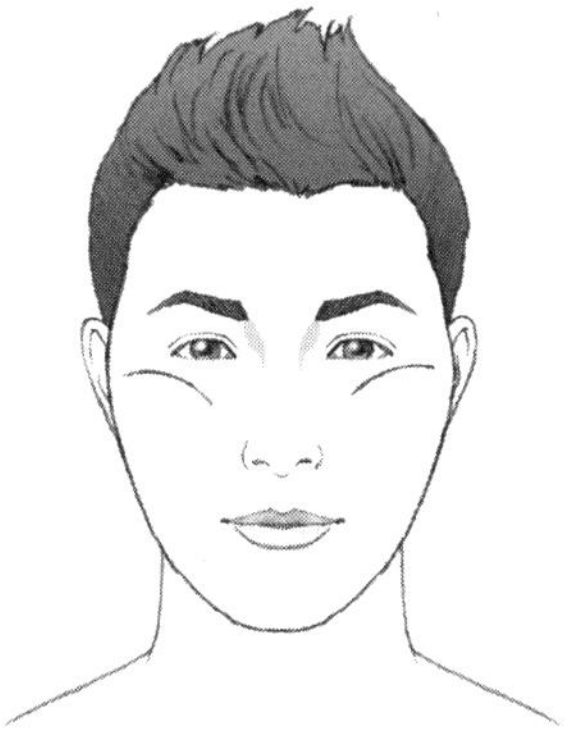

肉付きが豊かだと寛容性があり、相手との違いを拒絶することもありません。新しい価値観に出合っても「面白いね！」「超ウケる」などといって喜んで受け入れてくれます。

ただ、寛容に受け入れてくれる分、細かいことはあまり気にしないので、「ガサツ」に見えることもあります。

肉付きが豊富で、さらにハリがあれば、行動が活発だったり、問題に対する抵抗力が強かったりするといえます。

肉付きが豊かな有名人

・出川哲郎（タレント）・孫正義（実業家）・向井理（俳優）
・有村架純（女優）・鈴木京香（女優）

②肉付きがうすい――わかってくれる人にだけ素を見せる

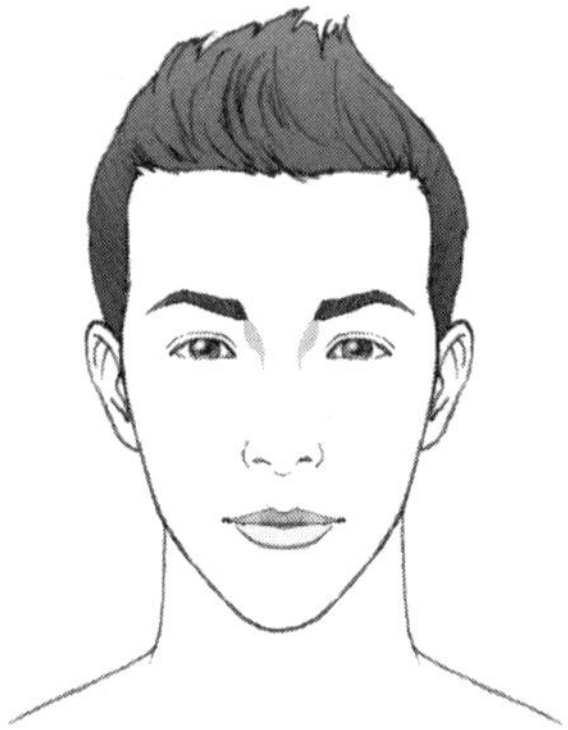

肉付きがあまりなく、うすい場合は、相手と違うことはあまり受け入れられません。こちらも、頬の肉付きを横から見ると判断しやすいです。肉付きがうすいということは感覚がカバーされていないということで、環境や他者に対して神経質になり、敏感に反応してしまいます。

ただ、肉付きがあまりないからといって、寛容性や順応性がないわけではありません。広い心を持ったり、いろいろなことに適応できたりするのは、本人が選んだ一定の相手だけということです。

ですので、その分、細やかな気配りができたり、いろいろな状況に配慮したりすることができる人です。

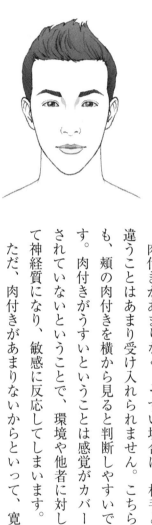

肉付きのうすい有名人

・イチロー（元プロ野球選手） ・中村俊輔（プロサッカー選手）
・本田圭佑（プロサッカー選手） ・小泉純一郎（元首相）

③肉付きがボコボコ（複雑なかたち）——感情の変化が激しい

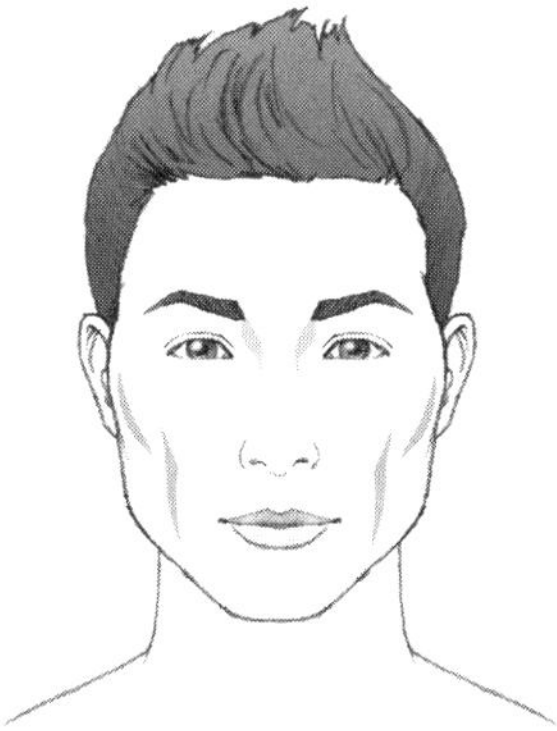

ほとんどの方は肉付きが豊かか、うすいかの二種類に分けられますが、まれに頬の肉付きをはじめ、顔全体の肉付きが出ていたり引っ込んでいたりと、正面から見て肉付きの形状がボコボコしている人がいます。

これは人生経験の積み重ねによって表れる特徴なので、子どもにはあまり見られないかもしれません。

感情の変化が激しく、情熱的な部分も持っている一方で、気難しい一面もあります。

寛容性や社交性が発揮される時と、そうでない時が極端なタイプです。

肉付きのハリ――物事に対する抵抗力がわかる

①肉付きにハリがある
②肉付きにハリがない

顔全体の肉付きの「ハリ」は、モチベーションの高さと、問題に対する抵抗力を表します。

仕事や恋愛など、充実している人の肉付きはプリッと張りがありませんか?

また、そういう人は、たとえば仕事などでトラブルが発生しても、乗り越えようとする強さがあります。逆に、肉付きがぶよぶよしている人は、頼りなく、問題を解決し乗り越えることができない状態です。

ただ、この「ハリ」は日々変化しますので、相手がいま、そういう状況であるということを、理解することが大切です。

①肉付きにハリがある――やる気に満ちあふれている

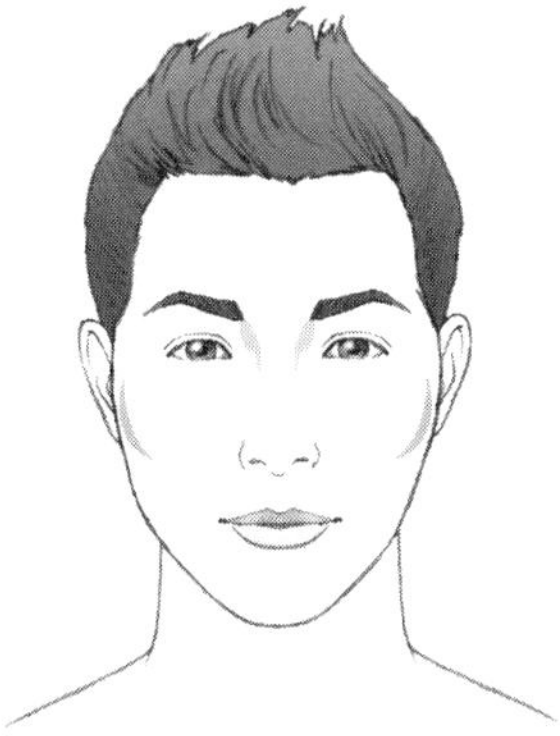

何かをなしとげようと思っている時や、やる気に満ちあふれている時は、肉付きがパーン！と張っています。
たとえば、生き生きと活動している人の肌って、つやつやしていて、パンッ！とハリがありますよね？　それは何か問題があっても、物事に対する抵抗力がある証拠です。
活発に行動できる時でもあるので、そこを狙ってアクティビティなどにお誘いするとうまくいきやすいです。

②肉付きにハリがない——気力が少なくなっている

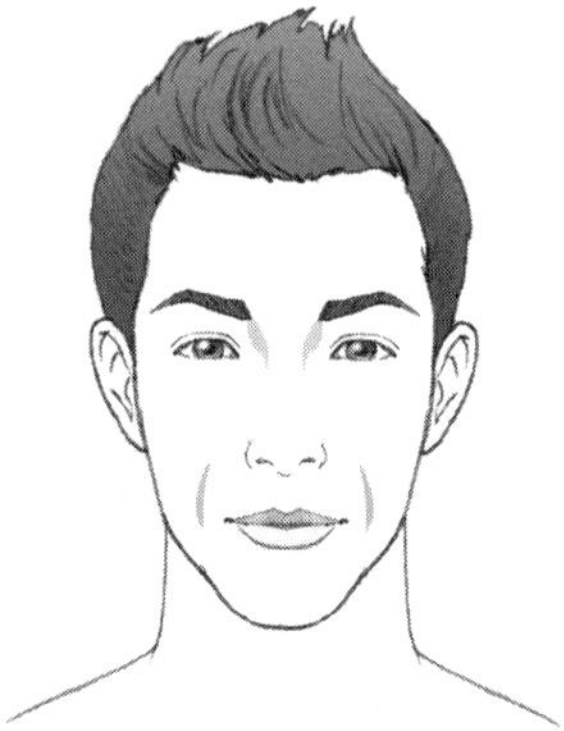

パッと見た時に、なんとなく、肉付きがだらんと落ちているなと思ったら、行動する気力が少なくなっている時です。

同時に、何か問題が起きた時に、対処する力も少なく、環境や他の人からの影響に対する抵抗力もありません。

本当はそっとしてあげたほうがよいのですが、それが恋の相手ならほうっておけないですよね。次の章で具体的な励まし方をゾーン別に提示するので、試してみて下さいね。

変化がわかる肉付きのハリに注目

繰り返しますが、肉付きのハリというのは顔の中で一番変化しやすい場所でもあります。

そのため、自分や相手が今、抵抗力をなくしているのかそうでないかということがひと目でわかります。

肉付きのハリに注目して、相手を気遣ったり、自分の行動を変えたりしてみましょう。

《肉付きのハリがない相手へのゾーン別・励まし方》

相手の肉付きを見て、いつもよりハリがないなと思ったら、元気づけてあげましょう。

その際、相手のゾーンごとにその励まし方を変えると、より効果的です。

思考ゾーン

●目からの刺激を好むので、ラインやメールのメッセージで声をかける。

感情ゾーン
●耳からの刺激を好むので、直接会ったり、電話をしたりする。

活動ゾーン
●食が元気の源なので、食事に誘って励ます。

《自分に肉付きのハリがないと感じた時のゾーン別・対処法》

自分で鏡をチェックしている時に、最近ハリがないなと感じたら、次のような行動をとってみると、ハリが回復するでしょう。

思考ゾーン
●頑張れる言葉や好きな画像を、自分の見えるところに貼ったり、携帯の待ち受け画面にしたりする。

感情ゾーン
●自分を奮い立たせる言葉を口に出して、耳から聞こえるようにする。

活動ゾーン
●頑張った自分へのご褒美として、美味しいものを食べたり、ショッピングをしたりする。

意識が向いているのは「今」？ それとも「過去」？

美人の絶対条件として「シンメトリー」、つまり顔が左右対称であることとされていますが、相貌心理学では本当の左右対称は存在しません。

ですので、顔の左右に非対称、つまり左右の顔に違いがあることが前提となります。

そして、

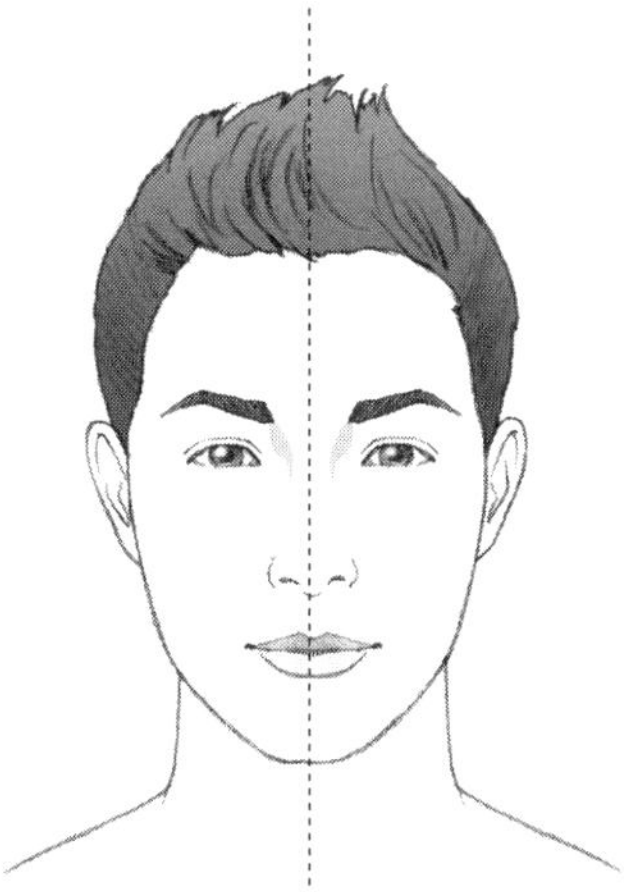

利き手側が「現在の顔」利き手と反対側が「過去の顔」を表します。

非対称から分析できることは

Ⅰ　**現在の状態**

Ⅱ　**現在と過去との比較**

目の非対称で説明すると、

Ⅰ**【現在の状態】は左右の目の「高さの非対称」**からわかります。

左右の目の高さに明らかな非対称が見られるときは、いま、好奇心があっちこっちに散漫していて、自分にとって重要なものが選べていない状態です。

Ⅱ**【現在と過去の比較】は「開き具合の非対称」**（※片方がぱっちり、片方が細い）でわかります。

過去を示す利き手と反対側の目が、現在を示す利き手側の目よりも細ければ、過去の方が現在よりも選択欲求が強かったことを表しています。

では、いくつか代表的な非対称を見ていきましょう。

目の高さの非対称――現在の状態がわかる

左右の目の高さが対称でない場合は、自分にとって必要なものを選び取れていない可能性があります。それは、意識が散漫になって、入って来る情報を的確に処理できていないからです。もしかしたら、理想が高すぎて選べなくなっているのかもしれません。

ただ、微妙な非対称の場合は、二つのビジョンを兼ね備えている知性の豊かさを表します。

★恋愛本を買い漁ったり、婚活セミナーに通えるだけ通ったりして、たくさんの情報を集めるのですが、頭の中でその情報が整理しきれず、結局、何を望んでいたのか、何のためにやっているのかということ自体、わからなくなってしまう、ということが起きます。

鼻筋の非対称――意識の方向性がわかる

利き手側のほうに向いていれば、現在や未来に意識が向いています。利き手ではない方であれば、意識が過去に向いていて、現在の出来事を、いつも過去の出来事と比較してしまうので、行動に大胆さがでなくなります。

★過去の恋愛が忘れられない。新しく恋人ができても、かつての恋人と比較してしまう。辛い経験から恋愛そのものに臆病になっているなど、心が過去に向いていて新しい恋愛に前向きになれない人の鼻筋は、利き手と反対側にズレていることが多いのです。

耳の非対称――独立心がわかる

正面から見たときに、利き手側だけ立ってみえる場合は、今、独立心が旺盛になっている時です。逆の場合は、以前の方が「やってやる！」という勢いが勝っていたことになります。

★付き合ったばかりの頃はあんなに盛り上がっていた結婚の話を、最近はあまり口にしてくれない彼の耳。大きな非対称が見られませんか？
いまは、仕事の「やってやる！」モードなのかも。だから、急かしても、よい返事はもらえない可能性が大きいです。

でも、彼の独立心は多いに盛り上がっています、頼もしいですよね。

口の非対称——思っていることをうまく表現できない状態

口に非対称がある場合は、自分が思っていることをうまく表現できなかったり、どのように表現したらいいかわからなかったりする傾向にあります。

★実はかつて私に浮気疑惑が持ち上がったことがあったのです。（もちろん疑惑です、絶対に浮気はしていません）
夫は何かいいたげなのに、だんまり。けんかをしている時も何か言いたそうな顔をするのに、貝のように口を閉じてしまって、そのままどこかへフェイドアウトしてしまいます。そんな当時の夫の左右の口角の高さは上と下で超斜めの非対称でした。

あごの非対称――気持ちの不安定さがわかる

あごの左右の大きさや形が対称でない場合は、行動が不安定になっています。自分自身でも、「なぜこんなことをしたのだろう?」と後になって考えてしまうほどです。

★相手の行動や言葉が、最近ちょっと激しい、暴力的だと感じたら、あごの非対称を見てみましょう。気持ちが不安定な状態かもしれません。

＊非対称だけを見て相手を理解しようとすると誤解が生じる恐れがあります。是非、非対称を観る際には同時にゾーンやパーツ、肉付きなどを組み合わせて見てください。

鼻筋が過去側（利き手ではない側）に向いていても、肉付きにハリがあれば問題解決力が高いので大丈夫。

あごの非対称は行動の不安定さを表しますが、唇が閉じていれば自分自身をきちんとコントロールできているので、心配はいりません。

このように、一部のマイナスの部分ばかりを見るのではなく、様々な観点から顔を分析してもらえると良いと思います。

恋愛のチャンスが無限大に広がる！

みなさん、いかがでしたか？

本書を読む前よりも、ちょっとだけ相手を多角的にみられるようになったと思いませんか？

また、自分にはどんな相手が合いそうだとか、たとえ相性が悪くても、相手を理解できればうまくいくということがわかってきたのではないでしょうか。

こうして相貌心理学を取り入れるだけで、みなさんの恋愛のチャンスは無限大に広がっていくのです。

人を多角的に理解するということは、恋愛だけでなく、すべてのコミュニケーションにも活用でき、人間関係のすべてが円滑になります。

そうすると、意外なところから「あなたに合いそうな男性がいるんだけど会ってみない？」と紹介をされるなど、これまでにはなかった新しい出会いもあるかもしれません。

そうして出会った相手には、その人に合った最適のアプローチができるので、あなたは恋愛成就の最短ルートを歩けるようになるのです。


それからひとつおまけ。

もし本書があなたの恋愛の役に立ち、交際や結婚が成就した場合は、お相手の正面の顔写真を定期的に撮っておくことをおすすめします。

毎日は大変なので十日に一回くらい、一カ月に三回程度がちょうどよいです。

そして、「出会った頃は違ったのに……！」と感じることがあったら、お相手の過去と今の顔を写真で比べてみてください。笑ってしまうくらい、顔に変化が表れていると思いますよ。

そんな変化も楽しんでみてください。

顔地図チェックシート

これまで分析してきたことを、もっとわかりやすく総合的に、見える化するために「顔地図」を作ってみましょう。

あなたやパートナー、気になる人、友達などの顔を、左記の顔地図シートで確認しながらチェックしてみてください。

写真があればよいのですが、なければその人の顔を思い出しながら、セルフチェックでしたら、鏡を見ながら分析してみてください。

顔は人の内面を表す「地図」のようなものです。

ゾーンやパーツ、輪郭などそれぞれの形状をチェックすることで、あなただけの「顔地図」が出来上がります。

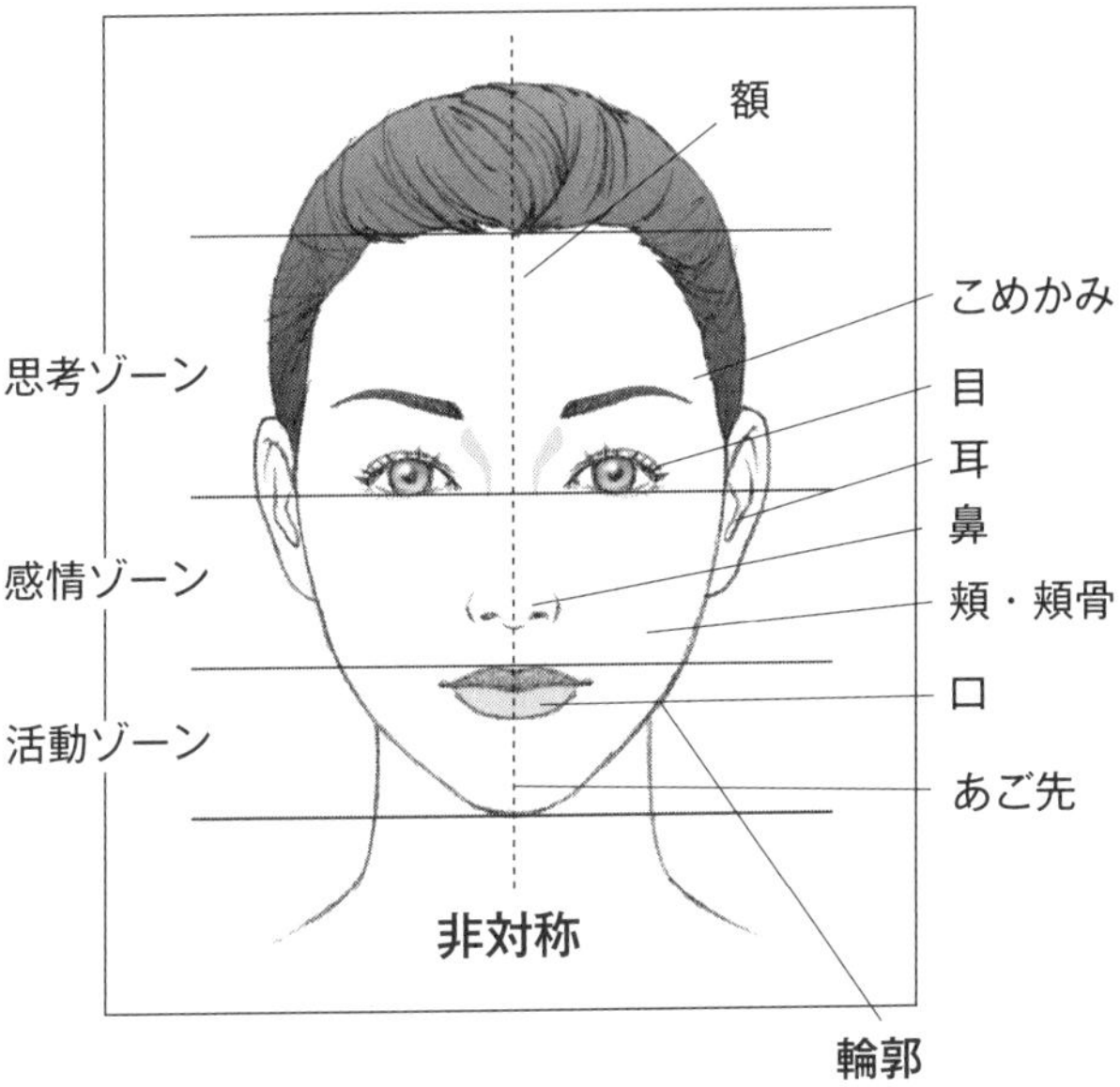
額
こめかみ
思考ゾーン
目
耳
鼻
感情ゾーン
頬・頬骨
口
活動ゾーン
あご先
非対称
輪郭

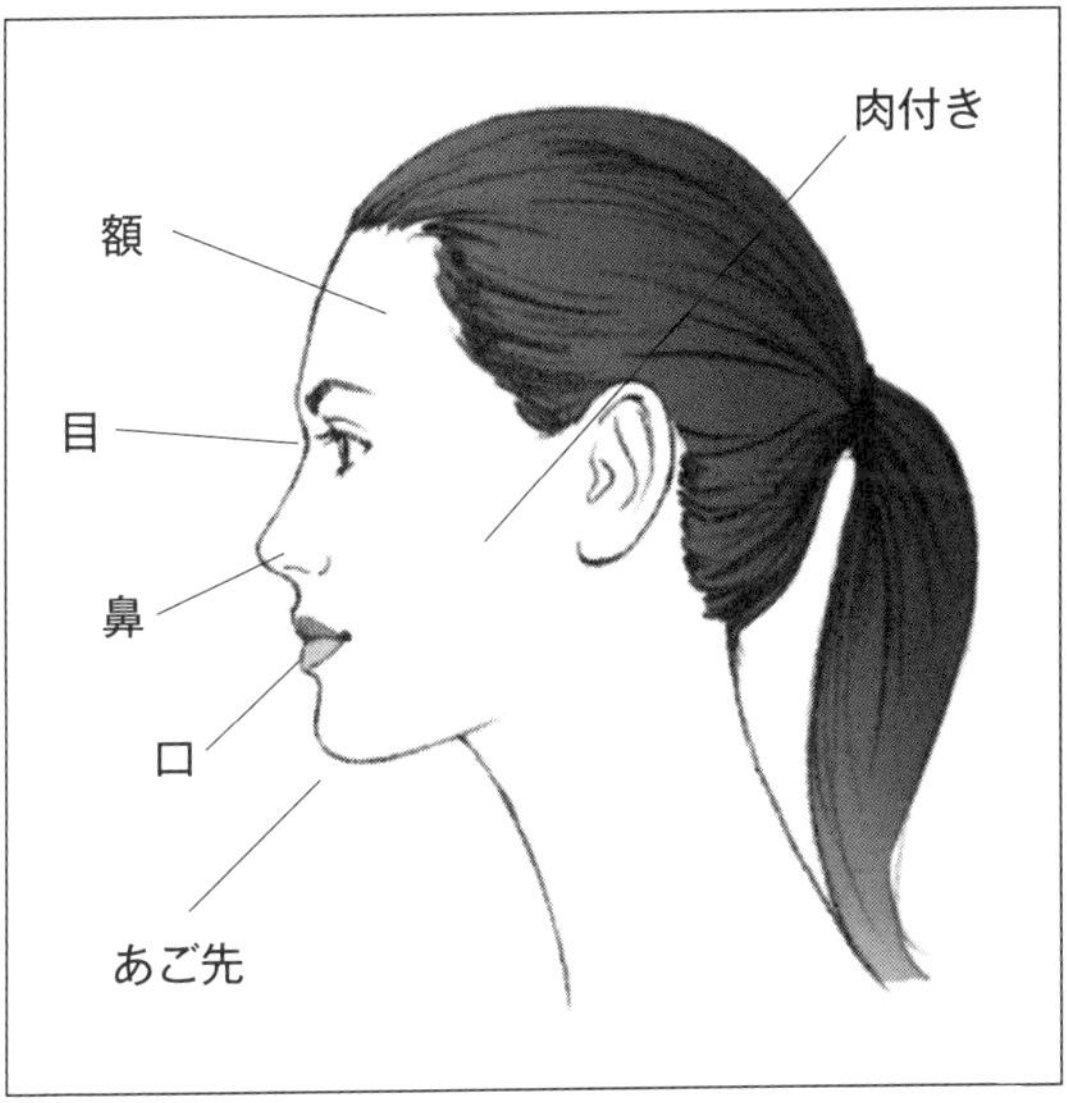
肉付き
額
目
鼻
口
あご先

＊顔地図チェックシート

☆当てはまるところに（◯）をつけましょう

■ゾーン――活動の原動力・満足する源がわかる

（　）思考ゾーン……顔型は逆三角形・額や目にインパクト・あごが細い
↓知識と美的センスがある

（　）感情ゾーン……顔型は六角形や丸顔・頬骨が大きい・頬が広い
↓フィーリングと感受性を大切にする

（　）活動ゾーン……顔型は台形・あごがどっしり・口まわりが大きい
↓現実に価値を見出し、実行力がある

■額――思考のスピードがわかる

（　）横から見て傾斜している↓頭の回転が速い

（　）横から見てまっすぐ（垂直）↓物事をじっくり考える

（　）横から見て丸みがある↓想像力が豊か

■こめかみ――想像したことを実現するための方法や手段を考えれるかがわかる

（　）へこみがない↓思考がフラット
（　）少しへこんでいる↓道徳・決まりごとを重視する
（　）大きくへこんでいる↓考えすぎて優柔不断

■目――情報や知識をキャッチする力がわかる

（　）細い目↓繊細で情報を選びとる
（　）ぱっちりした目↓好奇心旺盛で情報をたくさん集めたがる
（　）目と目の間が狭い↓集中力がある
（　）目と目の間が広い↓好奇心旺すぎて、あれもこれもと目移りしがち
（　）横から見て目が出ている↓見た目で判断しがち
（　）横から見て奥まっている↓情報は自分で選びたい
（　）上がり目↓意志が強い
（　）下がり目↓人の意見をきちんと聞ける

■鼻――本音がわかる

（　）横から見て傾斜がある↓主義主張をはっきり伝える
（　）横から見て傾斜がない↓自分の気持ちを伝えるのが控えめ
（　）横から見て鼻筋が波打っている↓感情の起伏が激しい
（　）正面から見て鼻の穴が見える↓思ったことを言わずにはいられない
（　）正面から見て鼻の穴が見えない↓秘密主義
（　）鼻筋が細い↓深く愛されたい
（　）鼻筋が太い↓広く愛されたい
（　）鼻の穴が丸々としている↓傷つきやすく、愛情欲求が強い
（　）鼻の穴が三角形になっている↓感受性が敏感、完璧主義

■頬――判断基準が「質」か「量」かがわかる

（　）頬の肉付きの位置が高い↓オンリーワンの愛を求める
（　）頬の肉付きの位置が低い↓たくさんの人からの愛を求める
（　）頬骨が大きい↓「愛して」欲求が強い・独占欲が強い

■耳——甘えたい？　甘えられたい？　独立心がわかる

（　）正面から見て立ち上がっている→独立心が強い

（　）正面から見て立ち上がっていない→協調性がある

■口——他者とのコミュニケーション方法がわかる

（　）唇が厚い→温厚で穏やか

（　）唇が薄い→悪気はないが、口調が冷たい

（　）口角が上がっている→ポジティブで、チャンスをつかみとる力がある

（　）口角が下がっている→ネガティブで、心身ともに疲れ気味

（　）唇が閉じている→自制心が強い

（　）唇が開いている→自制心は弱いが、相手には寛容

（　）輪郭に対し口が大きい→行動的でエネルギッシュ

（　）輪郭に対し口が小さい→持久力はあるが、ストレスをためがち

■あご先――野心の大きさと実現力がわかる

（　）あご先が平らで横から見て出ている↓野心があり、それを実現する力がある

（　）あご先が平らで横から見て後退している↓野心はあるが、実現には誰かの助けが必要

（　）あご先が尖っている↓野心はなく、あまり自分に自信がない

■輪郭――「みんな時間」を大切にするタイプか「自分時間」を大切にするタイプかがわかる

（　）ディラテ（真四角・丸型）……輪郭が大きくどっしりしている
↓「みんな時間」を大切にするタイプ

（　）レトラクテ（長方形・楕円形）……輪郭が細長い
↓「自分時間」を大切にするタイプ

■肉付き――環境や他者に対しての寛容性・順応性がわかる

（　）肉付きが豊か↓社交性があるが、ガサツに見えることも

（　）肉付きがうすい↓わかってくれる人にだけ素を見せる
（　）肉付きがボコボコ（複雑なかたち）↓感情の変化が激しい

■肉付きのハリ――物事に対する抵抗力がわかる

（　）肉付きにハリがある↓やる気に満ちあふれている
（　）肉付きにハリがない↓気力が少なくなっている

顔は変化していくということは、今までにもお話ししてきましたよね？

今回作った「顔地図」は今現在のものです。また時間をおいてから「顔地図」を作ってみると、内面の変化もわかりやすくなります。

もし、あなたが変わろうとするならば、内面から変化させることもできるのです。

たとえば、今までは待っているだけの恋愛だったけれど、今度は自分から積極的にアプローチするなど、自分を知って、意識や行動を変えます。

少しずつ自分の行動の変化を積み重ねることで、顔に変化が表れるのです。

反対に、内面を変えるために、メイクやスキンケア、髪型などで印象を変化させるというのも一つの方法です。

イメージチェンジをすれば、他人からの反応も変わりますよね？

「最近、なんかキレイになったよね」「今の髪型似合うね」など言われたら、嬉しい気持ちになりますし、見た目の雰囲気に合わせた心持ちにもなります。環境からの刺激によっても顔は変わるので、こういった刺激による気持ちの変化が内面を変えていくのです。

内側と外側、どちらからもバランスよく刺激して、変化を楽しんでみてください。

エピローグ

ここまでお読みいただき、ありがとうございます。

コミュニケーション方法がわかったことで、人間関係の不安や迷いが緩和され、出会いの選択肢が広がった気がしませんか？　顔さえ見れば、どのようにアプローチすればいいのかがわかるからこそ、気持ちに余裕が生まれ、新しい出会いに対する自分の心持ちも変わるかもと思ったら、ワクワクしますよね？


ここで、しつこいようですが、もう一度。

もうみなさんはおわかりになっていると思いますが、相貌心理学で見る「顔」は生まれつきでもなければ、良し悪しでもありません。

顔は内面を映し出す心の鏡なのです。

過去、現在、そして未来の心のすべてが顔に表れるのですから、気持ちの持ち方一つで顔は変わっていきます。

そして、もう一つ。

「顔」の傾向には表の意味と、裏の意味があります。

たとえば、「頑固」という意味があった場合、「わからず屋」と否定的にとらえることもできますが、一方で、「自分の信じることに向かって努力する人」という捉え方もできます。

そう考えれば、広い心や優しい気持ちで相手を理解することができますよね？

相貌心理学を知っているあなたは、相手とどんなコミュニケーションを取ればいいのか、どんな距離感で接すればいいのかがわかってしまうのです。

そして、自分の思い込みも変えることができます。

あなたにとって「幸せ」とはなんですか？

どういう状態が「幸せである」と思いますか？

付き合っている人がいたら？

結婚できたら？

子どもがいたら？

好きな仕事をしていたら？

お金があったら？


幸せだと思う形は人によってそれぞれですよね。

でも、誰にも共通する「幸せ」というのは、自分らしくいられることだと思いませんか？　相貌心理学は、あなたが、そしてお相手が「自分らしく」いられる環境や状況、そして、何によって心が満たされ、幸せだと感じるかなどを教えてくれます。


相貌心理学を通して、今まで知らなかった自分や相手の内面を理解することは、時にあなたを悲しませるかもしれません。

でも、忘れないでください。

理解があるからこそ、未来への可能性を見出せるのです。相貌心理学は占いではないので、断定的なあなたの未来はわかりません。それでも、あなたが望む未来、望む行き先がわかっているのなら、それに到達するためのプロセスは見えてくるはずです。

人は、出会いに喜び、時には、出会いに涙します。

人生という時間の中で一つ言えるのは、「出会いは人生の貴重な偶然である」ことだと私は思うのです。

だからこそ、私はみなさんにそのかけがえのない偶然の出会いを、あなたらしさを大切にしながら楽しみ、そして、その偶然のチャンスを自分のものにしてほしいのです。

「あなたは幸せですか？　それとも不幸せ？」

この質問に「どっちかな……」と迷うあなたはきっと幸せなのでしょう。

だって、迷うのは、幸せかもしれないけど「○○がないからな……」と、自分の幸せに何が足りないかがわかっているのですから。あとは、その足りないものを得るためのプロセスを相貌心理学で見つけてみてください。

そして、「不幸せ」と言い切るあなた、心配はご無用です。

今よりも幸せになりたいと思っているのなら、大丈夫。

あなたの幸せへのプロセスを相貌心理学が教えてくれます。

さらに、望みが何かもわからないあなたには、相貌心理学が、あなたが何を望み、何に満足感を感じるのかを教えてくれます。


自分を知り、相手を知る。

それは幸せを感じる一番の近道です。

あなたが思う「幸せ」を手に入れるために、相貌心理学はいつでもあなたの味方です。


あとは、そう！

一歩を踏み出すだけ。

大丈夫。

心配はいりません。
だって、あなたは最強の幸せへのツール、相貌心理学を知っているのですから！

最後に。

Un trés grand merci á Janine Maréchale, sans qui rien n'aurait été possible...

師とするジャニーニ。
あなたなしには、この本の出版は成し遂げられませんでした。本当に……心からありがとう。

本書作成にあたって、適切なご助言とご配慮をしてくださった編集担当のＫＫロングセラーズ富田志乃さん、編集協力の白石まみさん。
そして、相貌心理学の日本での基盤を共に作り上げてくださった中島幸一郎さん、常に力強い支えとなってくださった杉山祐香さんに、心からの感謝を申し上げます。

佐藤ブゾン貴子

Example Concret

これって脈あり？

★結衣さん（出版社勤務　三二歳）

【相談内容】

最近知り合った、気になる男性がいます。
その彼から毎日のようにラインが届くのですが、
これって、脈あり？

◆結衣さんの顔の特徴

・ゾーン：**感情ゾーンタイプ**
　↓好き嫌いが物事の判断基準。共感共有を相手に求め、時に押し付ける

・パーツ：**頬骨が大きい**
　↓「愛して欲求」が強い

・輪　郭：ディラテ
↓好奇心旺盛、寂しがり屋

◆男性の顔の特徴

・ゾーン：思考ゾーンタイプ
↓想像力豊かな理想主義者
・パーツ：目が細い／鼻筋細い／唇うすい
↓繊細で敏感な感受性の持ち主
・輪　郭：レトラクテ
↓体力が少ない分、コミュニケーションをとる相手はしっかり選ぶ
感受性は繊細で敏感。そのため自分に不快感をあたえる人には近づかない

※※※※※※※※※※※※※※※※※※※※※※※※※※※※※※※※※※※※※※※

〈分析結果〉

本来体力があまりない輪郭の細い相手から毎日ラインメッセージが届くのは、相手があなたを選び、あなたのことを思うがゆえです。また目・鼻・口のラインも細く感受性が敏感、そんな彼があなたにこまめに連絡してくるということは、あなたの存在自体が心の安らぎになっているともいえます。

ですので、なにげない日常会話こそが彼があなたに心を許している表れです。また、思考ゾーンタイプの彼にとって、直接的な会話を楽しむ電話よりも、目から入るメッセージが心地よいコミュニケーションツール。

自分の思いを自由に表現できるラインという手段を選んであなたにコンタクトする彼は、あなたを本命と思っている可能性が大です。

〈結衣さんへのアドバイス〉

感情ゾーンタイプの結衣さんは、彼との共感共有を常に求めます。相手のことをもっともっと知りたいと色々な質問を勢いよく投げかけ気味ですが、相手は輪郭の細い思考ゾーンタイプです、今は結衣さんからもらえるパズルのような情報で、想像の中で

※※※※※※※※※※※※※※※※※※※※※※※※※※※※※※※※※※※※※※※

楽しんでいる最中かもしれません。

この恋を成就させるには、一歩踏み込んだお付き合いになるまで、お互いのテリトリーにずかずか入るのは避けましょう。

また、感情ゾーンタイプの結衣さんにとって、一番幸せと感じる愛情表現は言葉で伝えられることなのですが、思考ゾーンタイプの彼には、まずは口で伝えず、メッセージで伝えてみるのがよいかもしれません。あなたのことが好きな彼は、あなたの喜ぶ顔を想像しながら、きっと電話をかけてくれるはずです。

※※※※※※※※※※※※※※※※※※※※※※※※※※※※※※※※※※※※※※※

Example Concret　**復縁できますか？**

★絵里さん（通信メーカー勤務　二八歳）

【相談内容】

五年付き合った彼氏がいましたが、半年前に別れました。
ただ、別れたあとも彼のことが忘れられません。
人づてに聞いた話では、まだ新しい彼女はいないようです。
できれば彼と復縁して、結婚したいと思っています。

◆絵里さんの顔の特徴

・ゾーン：感情ゾーンタイプ

↓好き嫌いが物事の判断基準。共感共有を相手に求め、時に押し付ける

※※※※※※※※※※※※※※※※※※※※※※※※※※※※※※※※※※※※※※※

・パーツ：上がり目

↓意志は強いが、自分の聞きたいこと、見たいことのみに意識を向ける傾向がある

・輪　郭：ディラテ

↓自分時間よりみんな時間を好む。寂しがり屋

◆男性の顔の特徴

・ゾーン：感情ゾーンタイプ

↓好き嫌いが物事の判断基準

・パーツ：額がまっすぐ垂直に立ち上がっている

↓物事を早く考えるよりもじっくり熟考することに重きが置かれる

：下がり目

↓人の話をじっくり聞く能力、目の前の物事を判断する能力の高さを表す

・輪　郭：レトラクテ

↓体力が少ない分、コミュニケーションをとる相手はしっかり選ぶ

〈分析結果〉

たとえ今の彼に新しい恋人はいなくても、残念ながら復縁の可能性は低いと言えます。

目の前の物事をじっくり見つめ、人の話を聞く能力のある彼は、絵里さんとの五年間の生活を正面から見つめてきたとも言えます。

また、立ち上がった額からは「別れる」という決断は、簡単に出した答えではなく考えに考えた結果です。そしてその答えは何事もしっかり選びたいという強い選択の欲求で選んだものですので、彼の決断はゆるぎないと思われます。

また、感情ゾーンタイプの彼の判断基準は何ごとも好きか嫌いか。

考えたうえで好きか嫌いかの判断を下したため、復縁は難しいと思われます。

〈絵里さんへのアドバイス〉

絵里さんは彼と同じ感情ゾーンタイプですが、輪郭が真ん丸ディラテの傾向ですので、体力が豊富な「みんな時間」タイプ。寂しがり屋でもあり、みんなとワイワイガヤガヤするのが大好きなタイプです。しかし彼は、体力が少ないがゆえに、「自分時間」優先タイプ。多くの人といるよりも自分が選び心を許した数人もしくは一人でいることを好みます。

コミュニケーションに温度差があったのかもしれません。

そのため、彼は、友人たちと一緒にいる時間を楽しむ絵里さんをみて、自分は絵里さんにとって必要ないのではないか、自分がいない方がむしろ、絵里さんは自由にのびのびできると感じたのでしょう。

絵里さんにとっては、もっと自分だけを見てという、時に彼への嫉妬心をくすぐるための行為だったのかもしれませんが、それは逆効果だったのでしょう。

この別れは、彼が絵里さんの幸せを優先した彼の優しさという言い方もできるのです。

Example Concret

不倫の恋、待っていてもいいの？

★景子さん（派遣社員　二四歳）

【相談内容】

派遣先の会社で知り合った男性と付き合っていますが、彼には家庭があり、いわゆる不倫関係にあります。ただ彼からは、「いますぐは難しいけれど、いずれは一緒になろう」と言われています。私自身も、こんなに人を好きになったのは初めてで、彼は私の理想のすべてを兼ね備えています。

彼と一緒にいる自分も好きです。

この恋愛を貫き、彼を待っていてもよいのでしょうか？

◆景子さんの顔の特徴
・ゾーン：思考ゾーンタイプ
↓想像力が豊かな理想主義者
・パーツ：目と目の間が狭い
↓集中力は高いが、一つのことに集中しすぎてしまう
：左右の目の高さの非対称
↓自分にとって大切なものが選べない
・輪　郭：レトラクテ
↓自分をしっかりもっている反面、自分自身の価値観に固執しがち

◆男性の顔の特徴
・ゾーン：感情ゾーンタイプ
↓寂しがり屋、共感・共有を求める
・パーツ：ぱっちりした目
↓視覚からの刺激に影響されやすい

・唇が厚い
↓温厚なコミュニケーション
・唇が閉じていない
↓自制心はないが、相手には寛容
・輪　郭：ディラテ
↓体力、コミュニケーション欲求量豊富、習慣や風習に固執する、孤独に弱い
・肉付き：豊か
↓環境、他者に対する寛容性・順応性が高い

〈分析結果〉

不倫は、多くの人を傷付けるので私はおすすめしません。

その前提があるからではありませんが、残念ながら、顔を分析しても彼は景子さんのもとに来ることはないでしょう。

大きなどっしりとした輪郭は体力が豊富なことを表し、同時に習慣、家族というものに固執する傾向があることを表します。

孤独に弱い彼は、家族間で孤立するようなこと、例えば奥さんの妊娠や奥さんがお子さんの教育に熱心になるあまり、自分がないがしろにされることなどがあったのでしょう。

そんな時、ぱっちり見開いた目から入ってくる情報に影響を受けやすい彼は、あなたのしぐさやあなたの自分に向ける笑顔に、心に愛情が満たされ、温かい肌の重なり合いを求め、一線を越える関係となったのです。

つまりは、寂しさを埋めたかったというのが一番の理由です。

新しい環境にもすぐに順応する彼は、あなたとの関係も寛容に受け入れ、そつなくこなすことでしょう。そして、ふっくらした唇はたとえ閉まっていても、自分にだめと言うのが苦手。楽しいなと思えば、豊富な体力は発散のはけ口を求め、あなたとの関係をずるずると続けるのです。すでにあなたとの関係も習慣、日常化してしまったのでしょう。

自分にだめと言うのが苦手で、自分で選びたいという欲求が少ない彼は、どっちつかず。しかし人からどう見られるかを気にする彼は、世間体も優先し、家族というものを手放すことはありません。

〈景子さんへのアドバイス〉

景子さんの目の高さの非対称は、自分にとって大切なものは何なのか選べなくなっている状態です。自分にとって本当に大切なものを見つめなおすことが大切です。

また思考ゾーンタイプの景子さん。

想像力が豊かな景子さんは、勝手に自分都合のストーリーを作り上げがちです。

景子さんの思い描く理想は、本当に現実的なことですか？　現実との接地点を失ってはいませんか？　そして、景子さんの理想を目の前の現実に押し付けてはいませんか？

景子さんに必要なことは、理想と現実の整理です。

もし彼の輪郭が細く、思考ゾーンタイプで、目と鼻が細く唇もしっかり引き締まっていれば、彼の言葉を信じ、待つのも一案ともいえますが、今回の相手に関してははっきりNOと言えます。

Example Concret

彼は私を異性として見ているの？

★敦子さん（ネイリスト　三四歳）

【相談内容】

グループで仲良くしている友達の中に、一人気になる男性がいます。彼は私よりも四つ年下で、ＩＴ系の会社に勤務しています。共通の話題も多く、話も合うので一緒にいてとても楽しいのです。

また二人きりの食事の誘いでも、彼はいつも喜んで来てくれます。

ただ、誘うのはいつも私からで、当然お店選びも私がやっています。もちろん私の方が年上だから仕方がないのかなとも思うのですが、できれば彼からも誘ってもらいたいと思っています。

そもそも、彼は私を異性として見てくれているのでしょうか？

◆敦子さんの顔の特徴
・ゾーン：感情ゾーンタイプ
↓好き嫌いが物事の判断基準。共感共有を相手に求め、時に押し付ける
・パーツ：頬の肉付きの位置が低い
↓たった一人の人から深く愛されるよりも、多くの人から愛されること
を好む
：肉付きが豊か
↓社交性があるが、ガサツに見えることも
・輪　郭：ディラテ
↓自分時間よりもみんな時間を好む

◆男性の顔の特徴
・ゾーン：思考ゾーンタイプ
↓理想主義
・パーツ：目・鼻・口が細い

↓繊細な感受性

・こめかみがへこんでいる

↓自分の理想や自分はこうでないといけなという理想に固執する

・耳が立ち上がっている

↓独立心旺盛

・頬骨が大きい

↓独占欲が強い

・輪　郭：ディラテ

↓コミュニケーション欲求が豊富

〈分析結果〉

まず、敦子さんが彼に対する思いと、彼が敦子さんに対する思いには温度差があるようです。敦子さんにとって彼は恋愛対象ですが、彼にとっては仲の良い友人の一人のようです。

目の細さからも選択欲求が強く、感受性が敏感な彼はコミュニケーション欲求量が豊富でも自分が好まない相手とは一対一では食事には行きません。ですので、あなたに好意があるのは確かですが……恋愛感情とは言えないでしょう。

なぜなら独立心旺盛、そして、頬骨が大きい彼は、独占欲が強いタイプで、望むものはすべて自分の手の中へいれたいという欲求を持っているからです。彼が恋愛対象として自分が求める女性であるならば、自分からアプローチし自分のものになるまで誘います。

ですので、いつもあなたから誘う、お店選びもいつもあなた……ということでしたら、あなたは気が許せる仲の良い友人の一人です。

〈敦子さんへのアドバイス〉

彼が敦子さんをパートナーに選ばないのは、彼にとって敦子さんの行動や立ち居振る舞いがダイナミックなため、若干ガサツに映るからです。一緒にいる分には面白いし、かわいいなと思うようですが、パートナーとなると高い理想主義の彼のお眼鏡にはかないません。

敦子さんも、質も量もほしい欲張りタイプ。大好きな一人の人からも愛されたいけど、みんなからも愛されたいタイプなのです。そんな敦子さんの態度に、自分の繊細さは理解できないだろうと思っています。

彼のNo.1になるには、彼の理想に耳を傾け、彼が望む知識や情報を常に提供し、彼の望む女性像、彼色に染まらねばなりません。

高い理想を掲げ、自分の理想に固執する彼が敦子さんに合わせることはないでしょう。ですので、自分らしさをおし殺してまで彼といることが幸せなのかをもう一度考えてみましょう。

Example Concret

私に合う男性ってどんな人ですか？

★涼子さん（住宅メーカー勤務　四一歳）

【相談内容】

一見、派手そうに見えますが、恋愛経験はそれほど多くないため自分にあまり自信が持てず、気になる男性がいても、自分からは、なかなか告白することができません。まわりからは「モテるでしょ？」と言われますが、まったくモテません。また恋人ができないのは「選り好みし過ぎなんだよ」と言われるのですが、選り好みしているつもりはありません。実際、私と相性のいい男性は、具体的にどんな人ですか？　どんな人とだったら、幸せになれるのですか？

◆涼子さんの顔の特徴

・ゾーン：感情ゾーンタイプ

↓共感、共有が満足の源。承認欲求への満足がモチベーションを上げる。
好き嫌いで物事を判断する

・**パーツ：目がぱっちり**

↓目から入る情報に左右されやすい

：頬骨が大きい

↓「愛して」欲求が強い

・**輪　郭：レトラクテ**

↓コミュニケーションをとる相手はしっかり選ぶ

〈涼子さんの分析結果〉

ご自身では選り好みをしていないと思っているようですが、感情ゾーンタイプの涼子さんは物事の判断は「好きか・嫌いか」。

細い輪郭は、コミュニケーションをとる相手を選びたい欲求が強いため、周りのご意見の「選り好みし過ぎ」というのは正しい意見です。また、エモーションの高まりが全ての涼子さんは、フィーリングという感覚に頼ることも多いようです。

目がぱっちりで目から入る情報に左右されやすく、その情報をもとにフィーリングで「好き」というフィルターがかかれば、そつないコミュニケーションを相手と育むのですが、「嫌い」というフィルターがかかってしまえば相手がどんなに優しくても「無理」という判断を下します。

視覚からの情報に左右されやすい涼子さんは、人からどのように見られるかをとても気にするため、人からの見られ方も熟知しています。どうしたら、相手が自分に興味を持ってくれるか、好意を抱いてくれるか等です。

魔性の魅力を兼ね備えた女性ともいえるので、人からモテるでしょう？　といわれるのは致し方ないかもしれません。

〈涼子さんへのアドバイス〉

涼子さんは人から褒められるのが好き、独占欲も強いので、みんなとワイワイガヤガヤするタイプの男性でなく、あなただけをしっかり見つめる男性がよいでしょう。

みんなとワイワイガヤガヤするタイプだと、相手がだれかと話していると嫉妬を感じ、感情の高まりとともにフラストレーションを相手にぶつけてしまう可能性があります。

涼子さんと相性が良いのは、輪郭は細いレトラクテで、思考ゾーンタイプ。あなたの高まる感情をクールダウンしてくれ、理論的に物事を説明してくれる相手がよいでしょう。

肉付きは薄くてはだめです。輪郭が細いタイプは自分時間を優先するのですが、肉付きが豊富なことで、自分が選んだ相手には寛容性や順応性を発揮します。そのため、涼子さんをやさしく包んでくれるはずです。

目は細く（選択の欲求がより強化され、あなただけを見つめます）、鼻筋は太く（ダイナミックなあなたとのコミュニケーション）、唇は厚いタイプ（優しい言葉であなたを誉めてくれる）であれば涼子さんが望む欲求を満たしてくれるでしょう。

◆涼子さんの相性の良い男性の顔の特徴

・ゾーン：思考ゾーンタイプ

　↓理論的に物事を考える

・パーツ：目が細い

↓選択の欲求が高い
鼻筋が太い：
↓ダイナミックなコミュニケーション
唇が厚い：
↓優しい
肉付きが豊か：
↓環境や他人に対する寛容性順応性が高い
・**輪　郭**：**レトラクテ**
↓コミュニケーションをとる相手はしっかり選ぶ

Example Concret　相手を理解すれば、最高のパートナーに！

◆加奈さん（地方公務員　三八歳）

【相談内容と加奈さんへのアドバイス】

今度出会った男性とは、結婚を前提に付き合いたい。

そして、絶対に家庭を大事にするタイプがいい。

今まで付き合ってきた男性が個人主義の自分大好きタイプで、それでことごとく失敗してきたからと。

そこで加奈さんに好きな顔のタイプを聞くと、「面長で目が切れ長。どちらかというと女性的な繊細な顔立ちの人」と答えたので、失敗してきた理由がすぐわかりました。

加奈さんが好きな顔はまさに自分大好きで自分の世界を守りたい人。家庭的とは程遠いタイプだったのです。

※※※※※※※※※※※※※※※※※※※※※※※※※※※※※※※※

家庭的な顔はと言えば……輪郭がどっしりとして肉付きも豊か、目鼻も大きいタイプ。彼女の好きな顔のタイプとは真逆です。

だからといって私は「家庭的な顔を選びなさい」という無理強いはしません。むしろ好きなタイプの顔で選んでもいいと思っています。

加奈さんが好きな顔のタイプは、加奈さんが求める家庭的な男性ではないということを理解した上で、それでも好きな顔のタイプを選ぶのであれば、相手への許容範囲も広がりますし、万一また失敗したとして納得できると思うからです。

それも含めて「お相手は顔で選びなさい」と言っています。

ちなみにその後加奈さんは、自分の好みの顔の性格傾向を理解した上で、やはり好きな顔のタイプで恋愛相手を選びました。

でも今回は、一〇〇%家庭的ではないことを理解した上なので、ストレスなく付き合えているとのことです。

※※※※※※※※※※※※※※※※※※※※※※※※※※※※※※※※

【著者】佐藤ブゾン貴子（さとう・ブゾン・たかこ）

1975年生まれ。

2004年、アパレルの勉強のためにフランスに渡り、現地で相貌心理学に出合い、傾倒。学会長に師事し、5年の研修課程を経たのち、世界で15人、日本人では初となる相貌心理学教授資格を取得する。帰国後は、1億人以上の顔分析に基づく相貌心理学を広めるために、個人セッションやセミナー、講演、マッチングなどを行う。また、大手結婚相談所で婚活セミナーのゲスト講師を務めたほか、相貌心理学を活かし、恋愛アドバイザーとしても活躍。

フランス人の夫とともに東京・八王子でガレット店『Café de la poste』を経営。

著書に『人は顔を見れば99%わかる』（河出書房新社刊）がある。

【佐藤ブゾン貴子　相貌心理学セミナー&セッション】
★http://a-cura.net/seminar/
★Facebookページ　https://www.facebook.com/bouzon.takako
★インスタグラムアカウント　@bouzon_san
★Twitterアカウント　@bouzontakako

フランス発　相貌心理学
運命のお相手は「顔」で選びなさい

著　者　佐藤ブゾン貴子
発行者　真船美保子
発行所　KK ロングセラーズ
東京都新宿区高田馬場 2-1-2　〒 169-0075
電話（03）3204-5161（代）　振替　00120-7-145737
http://www.kklong.co.jp

装丁 / 装画　Aya Iwaya
本文イラスト　福原伸一
撮影　森山英之
編集協力　白石まみ
印刷 / 製本　大日本印刷（株）

落丁・乱丁はお取り替えいたします。※定価と発行日はカバーに表示してあります。

ISBN978-4-8454-2465-8　C0011　Printed In Japan 2020